교과서 공부에 도움이 되는

창의력 쏙쏙 지혜 톡톡 속담

엮음·정권복 그림·최지경

대일출판사

글 정글북 그림 최지경

펴낸날 2021년 2월 15일

펴낸이 오동섭
펴낸곳 대일출판사
주소 서울특별시 동대문구 하정로 42(신설동) 옥도빌딩 3층
전화 766-2331~2
팩스 745-7883
등록 제1- 87호 (1972.10.16.)
기획 김진홍
편집·디자인 정글북
ⓒ대일출판사 , 2014 | 편집, 디자인 ⓒ정글북, 2014
ISBN 978 - 89 - 7795 - 554-7 73370

이 책에 실린 글, 그림은 저작권자의 동의 없이 무단전재나 복제를 할 수없습니다.
잘못 만들어진 책은 구입하신 서점에서 바꿔 드립니다.

대일 출판사는 아이와 같은 순수함으로 좋은 책을 만듭니다.
해맑은 아이의 웃음을 책에 담습니다.

머리말

창의력 쏙쏙, 지혜 톡톡!
초등학생이 꼭 알아야 할 속담!

속담은 옛날부터 우리 조상들이 생활을 하면서 깨달은 교훈의 말들을 입에서 입으로 전해 오면서 간결하게 짧은 문장으로 다듬어진 말입니다.

잘 아는 일이라도 세심하게 주의를 하라는 말로 '돌다리도 두들겨 보고 건너라'라고 하였고, 무슨 일이든지 그 시작이 중요하다는 뜻으로 '시작이 반이다'라고 하였으며, 자기가 남에게 말이나 행동을 좋게 해야 남도 나에게 좋게 한다는 말로 '가는 말이 고와야 오는 말도 곱다'라고 가르쳤습니다.

속담을 배우면 지혜를 얻을 수 있을 뿐만 아니라 생각을 다양하고 폭넓게 할 수 있으며 우리의 풍습과 문화, 역사, 사회, 자연, 어휘, 표현 등을 익힐 수 있어서 교과서 공부에 도움이 됩니다.

〈창의력 쏙쏙, 지혜 톡톡 속담〉은 초등 교과서에 나오는 속담을 포함하여 어린이들이 알아야 할 속담을 가려 뽑고 '지혜와 어리석음', '생활과 풍속', '가족과 친구·이웃', '경제와 돈', '사람의 됨됨이', '말과 행동', '동물', '식물과 자연' 등 8개의 주제로 나누어 재미있는 그림을 함께 곁들여 쉽게 풀이했습니다.

각 주제 끝에 '시험에 잘 나오는 속담', '속담 속 재미난 이야기', '같은 뜻 다른 속담', '반대되는 속담', '속담으로 배우는 고사성어', '속담 속 숨은 이야기', '일상생활에서 자주 쓰이는 속담'을 실어 속담을 주제별로 다양하게 알고 깊이 있게 이해하여 실제 생활에서 자연스럽고 알맞게 사용할 수 있게 하였습니다.

어린이 여러분, 이 책을 통해 예부터 전해 내려온 우리 속담 속에 담겨있는 삶의 지혜와 교훈, 재치와 감동을 통해 지혜를 얻고 창의력도 쏙쏙 키워 보세요.

차례

지혜와 어리석음을 알려 주는 속담 10

가까운 데를 가도 점심밥을 싸 가지고 가거라 …………… 12
가는 토끼 잡으려다 잡은 토끼 놓친다 12
거미도 줄을 쳐야 벌레를 잡는다 …… 13
고양이 목에 방울 달기 …………… 13
고양이한테 생선을 맡기다 ………… 14
공든 탑이 무너지랴 ……………… 14
구슬이 서 말이라도 꿰어야 보배 …… 15
귀 막고 방울 도적질한다 ………… 15
낫 놓고 기역자도 모른다 ………… 16
돌다리도 두들겨 보고 건너라 ……… 16
돌절구도 밑 빠질 날이 있다 ……… 17
무쇠도 갈면 바늘 된다 …………… 17
바늘 도둑이 소도둑 된다 ………… 18
발 없는 말이 천 리 간다 ………… 18
부뚜막의 소금도 집어넣어야 짜다 … 19
부지런한 물방아는 얼 새도 없다 …… 19
빈대 잡으려고 초가삼간 태운다 …… 20
상주 보고 제삿날 다툰다 ………… 20
생일날 잘 먹으려고 이레를 굶는다 … 21
서울 가서 김 서방 찾는다 ………… 21
세 살 적 버릇이 여든까지 간다 …… 22
소 잃고 외양간 고친다 …………… 22
아는 길도 물어 가랬다 …………… 23
언발에 오줌 누기 ………………… 23

우물을 파도 한 우물만 파라 ……… 24
오르지 못할 나무는 쳐다보지도 마라 … 24
젊어서 고생은 사서도 한다 ……… 25
천 리 길도 한 걸음부터 …………… 25
큰 둑도 작은 개미구멍으로 무너진다 … 26
하늘이 무너져도 솟아날 구멍이 있다 … 26
한강에 돌 던지기 ………………… 27
호랑이에게 물려가도 정신만 차리면 산다 27
시험에 자주 나오는 속담1 ………… 28

생활과 풍속을 담은 속담 ………… 30

가는 날이 장날 …………………… 32
가는 방망이 오는 홍두깨 ………… 32
갈 수록 태산 …………………… 33
개똥도 약에 쓰려면 없다 ………… 33
구더기 무서워서 장 못 담글까 …… 34
귀에 걸면 귀걸이 코에 걸면 코걸이 … 34
냉수 먹고 이 쑤신다 ……………… 35
더도 말고 덜도 말고 한가윗날만 같아라 35
등잔 밑이 어둡다 ………………… 36
뚝배기보다 장맛이 좋다 …………… 36
매도 먼저 맞는 놈이 낫다 ………… 37
목구멍이 포도청이다 ……………… 37
목마른 놈이 우물 판다 …………… 38
무소식이 희소식이다 ……………… 38
미운 놈 떡 하나 더 준다 ………… 39

보기 좋은 떡이 먹기도 좋다 ··········	39
사공이 많으면 배가 산으로 간다 ········	40
사돈집과 뒷간은 멀수록 좋다 ··········	40
산 입에 거미줄 치랴 ················	41
서당개 삼 년이면 풍월을 읊는다 ········	41
소문난 잔치에 먹을 것 없다 ··········	42
시장이 반찬이다 ····················	42
아니 땐 굴뚝에 연기 날까? ············	43
아이 보는 데는 찬 물도 못 마신다 ·····	43
엎드려 절 받기 ····················	44
원수는 외나무 다리에서 만난다 ········	44
이 없으면 잇몸으로 살지 ··············	45
집에서 새는 바가지는 들에 가도 샌다	45
짚신도 제 짝이 있다 ················	46
첫 술에 배 부르랴 ··················	46
평안 감사도 저 싫으면 그만이다 ········	47
흥정은 붙이고 싸움은 말리랬다 ········	47
시험에 자주 나오는 속담2 ············	48

가족과 친구, 이웃에 관한 속담······ 50

가까운 남이 먼 일가보다 낫다 ···········	52
가재는 게 편이라 ····················	52
가지 많은 나무에 바람 잘 날 없다 ······	53
갈치가 갈치 꼬리 문다 ················	53
고슴도치도 제 새끼 함함하다고 한다 ···	54
귀한 자식 매 한 대 더 때리고 미운 자식 떡 하나 더 준다 ···········	54

그 어머니에 그 아들 ··················	55
남편은 두레박 아내는 항아리 ··········	55
내리 사랑은 있어도 치사랑은 없다 ·····	56
되는 집안에는 가지 나무에 수박이 열린다 ····················	56
떡 해 먹을 집안 ····················	57
말 많은 집은 장 맛도 쓰다 ············	57
부모가 착해야 효자난다 ··············	58
불면 꺼질까 쥐면 터질까 ··············	58
사촌이 땅을 사면 배가 아프다 ········	59
새도 가지를 가려 앉는다 ··············	59
손자를 귀애하면 코 묻은 밥을 먹는다	60
어미 팔아 친구 산다 ················	60
열 손가락 깨물어 안 아픈 손가락 없다	61
웃는 집에 복이 있다 ················	61
이웃집 며느리 흉도 많다 ··············	62
자식 둔 골은 호랑이도 돌아본다 ·····	62
긴 병에 효자 없다 ··················	63
재물을 잃는 것은 작은 것을 잃는 것이고 친구를 잃는 것은 큰 것을 잃는 것이다	63
죄 지은 놈 옆에 있다가 벼락 맞는다 ···	64
친구는 옛친구가 좋고 옷은 새 옷이 좋다 ····················	64
팔백 금으로 집을 사고, 천 금으로 이웃을 산다 ··············	65
피는 물보다 진하다 ··················	65

한 부모는 열 자식을 거느려도
열 자식은 한 부모를 못 모신다 ········ 66
한 어미 자식도 아롱이다롱이 ········ 66
형만 한 아우 없다 ······················ 67
효성이 지극하면 돌에도 풀이 난다 ······ 67
속담 속 재미난 이야기 ··················· 68

경제와 돈에 관한 속담 ············· 70

값싼 것이 비지떡 ······················ 72
강물도 쓰면 준다 ······················ 72
같은 값이면 다홍치마 ·················· 73
개같이 벌어서 정승같이 쓴다 ········· 73
곤쟁이 주고 잉어 낚는다 ·············· 74
굳은 땅에 물이 고인다 ················ 74
궤 속의 녹슨 돈은 똥도 못 산다 ····· 75
기와 한 장 아끼다가 대들보 썩힌다 ··· 75
꿩 먹고 알 먹는다 ····················· 76
남의 돈 천 냥이 내 돈 한 푼만 못하다 76
도는 개는 배 채우고 누운 개는 옆 챈다 77
돈 놓고는 못 웃어도 아이 놓고는 웃는다 77
돈만 있으면 귀신도 부릴 수 있다 ······ 78
돈 모아 줄 생각 말고 자식 글 가르쳐라 78
돈은 있다가도 없어지고
없다가도 생기는 법이라 ················ 79
돈이 돈 번다 ···························· 79
돈이라면 호랑이 눈썹도 빼 온다 ······· 80

닷 돈 보고 보리밭에 갔다가
명주 속곳 찢었다 ······················ 80
밑져야 본전 ····························· 81
땅을 열 길 파도
고리전 한 푼 생기지 않는다 ············ 81
백지장도 맞들면 낫다 ·················· 82
버는 자랑 말고 쓰는 자랑 하랬다 ······ 82
부잣집 외상보다 비렁뱅이 맞돈이 좋다 83
비단 한 단을 하루에 짜려 말고
한 식구를 줄여라 ······················ 83
소같이 벌어서 쥐같이 먹어라 ··········· 84
소경 제 닭 잡아 먹기 ·················· 84
쌈짓돈이 주머닛돈 ······················ 85
재주는 곰이 넘고 돈은 주인이 받는다 85
만석꾼에 만 가지 걱정 ················· 86
티끌 모아 태산 ························· 86
한 푼 돈을 우습게 여기면
한 푼 돈에 울게 된다 ·················· 87
흉년의 떡도 많이 나면 싸다 ············ 87
같은 뜻 다른 속담 ······················ 88

사람의 됨됨이를 나타낸 속담 ······· 90

감기 고뿔도 남을 안 준다 ·············· 92
개천에서 용 난다 ······················ 92
고양이 앞에 쥐다 ······················ 93
구관이 명관이다 ························ 93

기는 놈 위에 나는 놈 있다 ………… 94
꾸어다 놓은 보릿자루 ……………… 94
꿀 먹은 벙어리 ………………………… 95
똥이 무서워 피하나 더러워 피하지 …… 95
못된 송아지 엉덩이에 뿔이 난다 ……… 96
물에 빠진 놈 건져 놓으니까
내 봇짐 내라 한다 ……………………… 96
미꾸라지 용됐다 …………………………97
미꾸라지 한 마리가
온 웅덩이를 흐려놓는다 ……………… 97
밥 먹을 때는 개도 안 때린다 ………… 98
방귀 뀐 놈이 성낸다 …………………… 98
벼룩도 낯짝이 있다 …………………… 99
빈 수레가 요란하다 …………………… 99
사나운 개 콧등 아물 틈이 없다 ……… 100
앉은 자리에 풀도 안 나겠다 ………… 100
약방에 감초 …………………………… 101
얌전한 고양이 부뚜막에 먼저 올라간다 101
양반은 물에 빠져도 개헤엄을 안 친다 102
어물전 망신은 꼴뚜기가 시킨다 ……… 102
열 길 물 속은 알아도
한 길 사람 속은 모른다 ……………… 103
열 번 찍어 아니 넘어가는 나무 없다 … 103
우물 안 개구리 ………………………… 104
원숭이도 나무에서 떨어진다 ………… 104
익은 밥 먹고 선소리 한다 …………… 105
입은 거지는 얻어먹어도
벗은 거지는 못 얻어먹는다 ………… 105

작은 고추가 더 맵다 ………………… 106
지렁이도 밟으면 꿈틀한다 …………… 106
털어서 먼지 안 나는 사람 없다 ……… 107
호랑이는 죽어서 가죽을 남기고
사람은 죽어서 이름을 남긴다 ……… 107
반대되는 속담 ………………………… 108

말과 행동에 관한 속담 ………… 110

가는 말이 고와야 오는 말이 곱다 …… 112
가랑잎이 솔잎더러 바스락거린다고 한다 112
가루는 칠수록 고와지고
말은 할수록 거칠어 진다 …………… 113
걷기도 전에 뛰려고 한다 …………… 113
관 속에 들어가도 막말은 말라 ……… 114
군말이 많으면 쓸 말이 적다 ………… 114
급하면 바늘 허리에 실 매어 쓸까 …… 115
길이 아니거든 가지 말고
말이 아니거든 듣지 말라 …………… 115
꿩 잡는 것이 매다 …………………… 116
낮말은 새가 듣고 밤말은 쥐가 듣는다 116
닭 잡아 먹고 오리발 내놓기 ………… 117
떡 줄 사람은 꿈도 안 꾸는데
김칫국부터 마신다 …………………… 117
말 한마디에 천 냥 빚도 갚는다 ……… 118
뱁새가 황새를 따라가면 다리가 찢어진다 118

번갯불에 콩 볶아 먹겠다 ············ 119	고양이 쥐 생각해 준다 ············ 134
불난 집에 부채질 한다 ············ 119	구렁이 담 넘어가듯 한다 ············ 135
사또 덕에 나팔 분다 ············ 120	굼벵이도 구르는 재주가 있다 ············ 135
소 닭 보듯 닭 소 보듯 ············ 120	까마귀 날자 배 떨어진다 ············ 136
쇠뿔도 단김에 빼랬다 ············ 121	꽁지 빠진 새 같다 ············ 136
시작이 반이다 ············ 121	꿩 대신 닭 ············ 137
살은 쏘고 주워도 말은 하고 못 줍는다 122	다람쥐 쳇바퀴 돌듯 한다 ············ 137
우는 아이 젖 준다 ············ 122	닭 쫓던 개 지붕 쳐다본다 ············ 138
우물에 가 숭늉 찾는다 ············ 123	독 안에 든 쥐 ············ 138
울며 겨자 먹기 ············ 123	드문드문 걸어도 황소걸음 ············ 139
웃느라 한 말에 초상 난다 ············ 124	뛰어야 벼룩 ············ 139
웃는 낯에 침 뱉으랴 ············ 124	마파람에 게 눈 감추듯 ············ 140
윗물이 맑아야 아랫물도 맑다 ············ 125	메뚜기도 유월이 한철이다 ············ 140
입은 비뚤어져도 말은 바로 하랬다 ······ 125	물고기는 물을 떠나 살 수 없다 ········ 141
잘되면 제 탓 못되면 조상 탓 ············ 126	벼룩의 간을 내어 먹는다 ············ 141
참새가 방앗간을 그저 지나랴 ············ 126	산에 가야 범을 잡는다 ············ 142
하룻강아지 범 무서운줄 모른다 ············ 127	소도 언덕이 있어야 비빈다 ············ 142
호랑이도 제 말하면 온다 ············ 127	쇠귀에 경 읽기 ············ 143
속담으로 배우는 고사성어 ············ 128	송충이는 솔잎을 먹어야 한다 ············ 143
	숭어가 뛰니까 망둥이도 뛴다 ············ 144
동물이 나오는 속담 ············ **130**	약빠른 고양이 밤눈 어둡다 ············ 144
	용의 꼬리보다 뱀의 머리가 낫다 ········ 145
가는 말에 채찍질한다 ············ 132	자라 보고 놀란 가슴
개구리 올챙이 적 생각 못 한다 ········ 132	솥뚜껑 보고 놀란다 ············ 145
개구리도 옴쳐야 뛴다 ············ 133	제비는 작아도 강남 간다 ············ 146
개발에 편자 ············ 133	참새가 죽어도 짹 한다 ············ 146
고래 싸움에 새우 등 터진다 ············ 134	호랑이 없는 골에 토끼가 왕 노릇 한다 147

황소 뒷걸음치다가 쥐 잡는다 ············ 147
일상 생활에서 자주 쓰이는 속담 ······· 148

식물, 자연 현상에 관한 속담 ······ 150

가랑비에 옷 젖는 줄 모른다 ············ 152
가물에 콩나듯 ································ 152
감나무 밑에 누워서
홍시 떨어지기를 기다린다 ············ 153
개똥참외도 가꾸기 나름이다 ············ 153
개살구도 맛 들일 탓 ······················· 154
개밥에 도토리 ································ 154
과일 망신은 모과가 시킨다 ············ 155
구르는 돌에는 이끼가 끼지 않는다 ······ 155
낙숫물이 댓돌 뚫는다 ···················· 156
눈에 콩깍지가 씌었다 ···················· 156
단풍도 떨어질 때 떨어진다 ············ 157
달도 차면 기운다 ··························· 157
도토리 키 재기 ······························· 158
될성부른 나무는 떡잎부터 다르다 ······ 158
마른하늘에 날벼락 맞는다 ·············· 159
못 먹는 감 찔러나 본다 ················· 159
물이 너무 맑으면 고기가 아니 모인다 ··· 160
물이 깊을수록 소리가 없다 ············ 160
바늘구멍으로 황소 바람 들어온다 ······ 161
바람 앞의 등불 ······························· 161
번개가 잦으면 천둥을 친다 ············ 162

벼 이삭은 익을수록 고개를 숙인다 ······ 162
비 온 뒤에 땅이 굳어진다 ·············· 163
빛 좋은 개살구 ······························· 163
뿌리 깊은 나무 가뭄 안 탄다 ·········· 164
산 넘어 산이다 ······························· 164
수박 겉 핥기 ·································· 165
십 년이면 강산도 변한다 ·············· 165
씨를 뿌리면 거두기 마련이다 ·········· 166
오이 밭에서는 신을 고쳐 신지 않는다 ·· 166
장마 때 홍수 밀려오듯 ···················· 167
콩 심은 데 콩나고 팥 심은 데 팥 난다 ·· 167
하늘 높은 줄만 알고
땅 넓은 줄은 모른다 ····················· 168
콩으로 메주를 쑨다 해도
곧이듣지 않는다 ···························· 168
하늘의 별 따기 ······························· 169
호박이 넝쿨째 굴러떨어졌다 ·········· 169
속담 속 숨은 이야기 ······················· 170

1 지혜와 어리석음을 알려주는 속담

가까운 데를 가도 점심밥을 싸 가지고 가거라 | 가는 토끼 잡으려다 잡은 토끼 놓친다 |
거미도 줄을 쳐야 벌레를 잡는다 | 고양이 목에 방울 달기 | 고양이한테 생선을 맡기다 |
공든 탑이 무너지랴 | 구슬이 서 말이라도 꿰어야 보배 | 귀 막고 방울 도적질한다 |
낫 놓고 기역자도 모른다 | 돌다리도 두들겨 보고 건너라 | 돌절구도 밑 빠질 날이 있다 |
무쇠도 갈면 바늘 된다 | 바늘 도둑이 소도둑 된다 | 발 없는 말이 천 리 간다 |
부뚜막의 소금도 집어넣어야 짜다 | 부지런한 물레방아는 얼 새도 없다 |
빈대 잡으려고 초가삼간 태운다 | 상주 보고 제삿날 다툰다 | 생일날 잘 먹으려고 이레를 굶는다 |
세 살 적 버릇이 여든까지 간다 | 소 잃고 외양간 고친다 | 아는 길도 물어 가랬다 |
언 발에 오줌 누기 | 우물을 파도 한 우물만 파라 | 오르지 못할 나무는 쳐다보지도 마라 |
젊어서 고생은 사서도 한다 | 천 리 길도 한 걸음부터 | 큰 둑도 작은 개미구멍으로 무너진다 |
하늘이 무너져도 솟아날 구멍이 있다 | 한강에 돌 던지기 |
호랑이에게 물려가도 정신만 차리면 산다

가까운 데를 가도 점심밥을 싸 가지고 가거라

무슨 일에나 준비를 든든히 하여 실수가 없게 하라는 말이에요.
비슷한 속담 : 십 리 길에 점심 싸기.

가는 토끼 잡으려다 잡은 토끼 놓친다

잡아 놓은 토끼가 있는데도 욕심을 부린 나머지 지나가는 또 다른 토끼를 잡으려다가 잡아 놓은 토끼마저 놓쳐 버린다는 말.
지나치게 욕심을 부리면 손해를 볼 수도 있다는 뜻이에요.
비슷한 속담 : 산돼지를 잡으려다가 집돼지까지 잃는다.

거미도 줄을 쳐야 벌레를 잡는다

무슨 일이든지 거기에 필요한 준비나 도구가 있어야 그 결과를 얻을 수 있다는 말이에요.

비슷한 속담 : 개장수도 올가미가 있어야 한다.

고양이 목에 방울 달기

쥐들이 고양이 목에 방울을 달면 그 소리를 듣고 미리 피하자고 의논하였어요. 하지만 고양이 목에 방울을 달 쥐는 아무도 없었지요. 실행하기 어려운 일을 공연히 의논한다는 말이에요.

비슷한 고사성어 : 묘두현령(猫頭懸鈴), 묘항현령(猫項懸鈴)

고양이한테 생선을 맡기다

고양이한테 생선을 맡기면 고양이가 생선을 먹을 것이 뻔한 일이란 말로, 믿지 못할 사람에게 어떠한 일이나 물건을 맡겨 놓고 걱정하고 있다는 뜻이에요.

비슷한 속담 : 고양이 보고 반찬 가게 지키라고 한다.

공든 탑이 무너지랴

공을 들여 쌓은 탑은 무너질 리가 없다는 말. 힘과 정성을 다하여 한 일은 반드시 그 결과가 헛되지 않다는 뜻이에요.

비슷한 속담 : 정성이 지극하면 돌 위에 풀이 난다.

구슬이 서 말이라도 꿰어야 보배

아무리 훌륭하고 좋은 것이라도 다듬고 정리하여 쓸모 있게 만들어 놓아야 값어치가 있다는 말입니다.

비슷한 속담 : 부뚜막의 소금도 집어넣어야 짜다.

귀 막고 방울 도적질한다

어리석은 방법으로 남을 속이려고 하나 거기에 속는 사람이 없다는 말이에요.

낫 놓고 기역자도 모른다

기역자 모양의 낫을 보면서도 기역자를 모른다는 말로
아주 무식하다는 뜻이에요.

돌다리도 두들겨 보고 건너라

단단한 돌다리라 해도 안전한지 두들겨 보는 지혜가 필요하지요.
잘 아는 일이라도 꼼꼼하게 확인하고 조심해서 하라는 말이에요.

비슷한 속담 : 아는 길도 물어서 가랬다. 얕은 내도 깊게 건너라.

돌절구도 밑 빠질 날이 있다

아무리 튼튼한 것도 오래 쓰면 망가져 못 쓰는 날이 있다는 말이에요.
좋은 가문이라고 영원히 몰락하지 않는 법은 없다는 말로도 쓰여요.

몰락 : 한창 잘되어 성하던 것이 쇠하여 망함.

무쇠도 갈면 바늘 된다

꾸준히 노력하면 아무리 어려운 일도 이룰 수 있다는 말입니다.

숫한 속담 : 낙숫물이 댓돌을 뚫는다.

바늘 도둑이 소도둑 된다

처음에는 작은 바늘을 훔치던 사람이 계속하면 소처럼 큰 것도 훔친다는 말. 작은 나쁜 짓도 자꾸 하게 되면 더 큰 잘못을 저지르게 되니 아예 나쁜 버릇은 아무리 작은 것이라도 길들이지 말라는 뜻이에요.

비슷한 속담 : 바늘 쌈지에서 도둑이 난다.

발 없는 말이 천 리 간다

말은 발이 없지만 천 리 밖까지도 순식간에 퍼진다는 뜻으로, 말을 함부로 하지 말라는 지혜가 담긴 속담이에요.

부뚜막의 소금도 집어넣어야 짜다

부뚜막의 소금도 집어서 음식에 넣어야 짠맛이 날 수 있다는 말로, 손쉬운 일이라도 실제로 힘을 들여 행동하지 않으면 소용없다는 뜻입니다.

비슷한 속담 : 가마 속의 콩도 삶아야 먹는다.

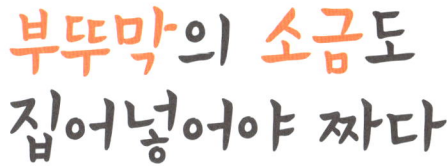

부지런한 물방아는 얼 새도 없다

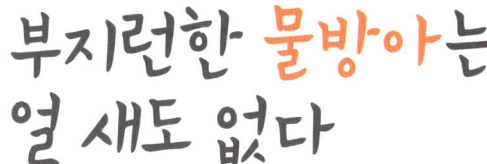

물방아는 쉬지 않고 돌기 때문에 추워도 얼지 않아요. 무슨 일이든 쉬지 않고 부지런히 하여야 실수 없고 순조롭게 이뤄진다는 말입니다.

빈대 잡으려고 초가삼간 태운다

빈대를 잡으려고 집을 태우는 것은 정말 어리석은 일이지요.
손해를 크게 본다는 생각을 못하고
자기에게 못마땅한 것을
없애려고 덤비기만 한다는
뜻이에요.

비슷한 속담 : 빈대 미워 집에 불 놓는다.

상주 보고 제삿날 다툰다

제삿날을 가장 잘 아는 상주와 제삿날이 틀렸다고 다툰다는 말로,
어떤 일을 잘 알고 있는 사람 앞에서 어리석게 틀린 자기 의견을
고집한다는 뜻입니다.

비슷한 속담 : 공자 앞에서 문자 쓴다.

생일날 잘 먹으려고 이레를 굶는다

어떻게 될지도 모를 앞일을 미리부터 지나치게 기대한다는 말이에요.

서울 가서 김 서방 찾는다

넓은 서울에 가서 덮어놓고 김서방 찾는다는 말로, 주소도 이름도 모르고 무턱대고 막연하게 사람을 찾아간다는 뜻이에요.

세 살 적 버릇이 여든까지 간다

어릴 적 버릇은 늙어 죽을 때까지 고치기 힘들다는 뜻이에요. 어릴 때부터 나쁜 버릇이 들지 않게 하라는 말입니다.

비슷한 속담 : 어릴 적 버릇 늙어서까지 간다.

소 잃고 외양간 고친다

소를 도둑 맞고 나서야 빈 외양간의 허물어진 데를 고치느라 수선을 떤다는 말로, 이미 일을 그르친 뒤에 손질을 하거나 뉘우쳐도 소용 없다는 뜻이에요.

비슷한 속담 : 도둑 맞고 사립문 고친다.

아는 길도 물어 가랬다

아무리 쉬운 일이라도 소홀히 하지 말고 신중히 하라는 말입니다.

비슷한 속담 : 돌다리도 두들겨 보고 건너라.

언 발에 오줌 누기

언 발을 녹이려고 발등에 오줌을 누어 봤자 별 효과가 없다는 말. 어떤 일이 터졌을 때 우선 간단하게 둘러맞추어 처리할 수는 있어도 그 효과가 오래가지 못하고 오히려 결과가 전보다 더 나빠진다는 뜻이에요.

우물을 파도 한 우물만 파라

하던 일을 자주 바꾸어 하면 아무 성과가 없으니, 한 가지 일을 끝까지 하여야 성공할 수 있다는 말입니다.

오르지 못할 나무는 쳐다보지도 마라

자기 능력이나 형편에 맞지 않는 일에 대해서는 처음부터 욕심을 내지 말라는 말이에요.

젊어서 고생은 사서도 한다

젊은 시절의 고생은 장래 발전을 위하여 좋은 경험이 되므로 달게 여기라는 말입니다.

비슷한 속담 : 젊어서 고생은 금 주고도 못 산다.

힘들어도 지금 젊을 때 열심히 일하자!

천 리 길도 한 걸음부터

천천히 한 걸음씩 가 보자!

머나먼 천 리 길을 가더라도 처음 한 걸음을 시작하는 것이 중요하다는 말로, 무슨 일이든지 그 일의 시작이 중요하다는 뜻이에요.

비슷한 속담 : 시작이 반이다.

큰 둑도 작은 개미구멍으로 무너진다

조그마한 일이라고 얕보다가는 그 때문에 큰 피해를 입는다는 말이에요.

비슷한 속담 : 개미구멍이 둑을 무너뜨린다.

하늘이 무너져도 솟아날 구멍이 있다

하늘이 무너지더라도 빠져나갈 구멍이 있다는 말로, 아무리 어려운 일에 부닥쳐도 살아나갈 희망은 반드시 있다는 뜻이에요.

비슷한 속담 : 죽을 수가 생기면 살 수가 생긴다.

한강에 돌 던지기

아무리 일을 하거나 애를 써도 전혀 보람이 없는 어리석은 행동을 뜻하는 말.

호랑이에게 물려가도 정신만 차리면 산다

아무리 위급한 일을 당하더라도 정신만 똑똑히 차리면 위기를 벗어날 수 있다는 말입니다.

비슷한 속담 : 범에게 열두 번 물려 가도 정신을 놓지 마라.

시험에 자주 나오는 속담 1

가는 말이 고와야 오는 말이 곱다
내가 남에게 말이나 행동을 좋게 해야 남도 나에게 좋게 한다는 뜻.

가까운 남이 먼 일가보다 낫다
이웃과 서로 가까이 지내다 보면 먼 곳에 있는 일가보다 더 친하게 되어 서로 도우며 살게 된다는 뜻.

갈수록 태산
갈수록 더욱 어려운 일이 닥쳐온다는 뜻.

개같이 벌어서 정승 같이 쓴다
돈을 벌 때는 궂은 일, 힘든 일이라도 하면서 벌고 쓸 때는 떳떳하고 보람있게 쓰라는 뜻.

공든 탑이 무너지랴
힘과 정성을 다하여 한 일은 반드시 그 결과가 헛되지 않다는 뜻.

구슬이 서 말이라도 꿰어야 보배
아무리 훌륭하고 좋은 것이라도 다듬고 정리하여 쓸모 있게 만들어 놓아야 값어치가 있다는 뜻.

꿩 먹고 알 먹는다
한 가지 일을 하여 두 가지 이상의 이익을 보게 된다는 뜻.

남의 돈 천 냥이 내 돈 한 푼만 못하다
아무리 적고 보잘것없는 것이라도 자기가 직접 가진 것이 더 낫다는 뜻.

낫 놓고 기역자도 모른다
아주 무식하다는 뜻.

될성부른 나무는 떡잎부터 다르다
잘될 사람은 어린 시절부터 장래성이 엿보인다는 뜻.

낮말은 새가 듣고 밤말은 쥐가 듣는다
㉠아무도 안 듣는 데서라도 말 조심해야 한다는 뜻.
㉡비밀히 한 말이라도 반드시 남의 귀에 들어가게 된다는 말.

닭 잡아먹고 오리발 내놓기
옳지 못한 일을 저질러 놓고 엉뚱한 수작으로 속여 넘기려 한다는 뜻.

닭 쫓던 개 지붕 쳐다본다
애써 하던 일이 실패로 돌아가거나 남보다 뒤떨어져 어찌할 도리가 없게 되었다는 뜻.

독 안에 든 쥐
아무리 애써도 벗어나지 못하고 꼼짝할 수 없게 되었다는 뜻.

두 마리 토끼를 잡으려다 다 놓친다
욕심을 부리다가 모든 것을 다 잃을 수 있다는 뜻.

뛰는 놈 위에 나는 놈이 있다
아무리 재주가 뛰어나다 하더라도 그 보다 더 뛰어난 사람이 있다는 뜻으로 스스로 너무 뽐내는 사람을 경계하여 이르는 말.

말 한 마디에 천 냥 빚도 갚는다
말만 잘하면 어려운 일도 해결할 수 있다는 뜻.

물에 빠진 사람은 지푸라기라도 잡는다
남에게 은혜를 입고서도 그 고마움을 모르고 생트집을 잡는다는 뜻.

발 없는 말이 천 리 간다
비밀로 한 말도 퍼지기 쉬우니 말을 조심해야 한다는 뜻.

백지장도 맞들면 낫다
아무리 쉬운 일이라도 협력하여 하면 훨씬 쉽다는 뜻.

불난 집에 부채질한다
남의 불행을 점점 더 불행하게 만들거나 성난 사람을 더욱 성나게 한다는 뜻.

살은 쏘고 주워도 말은 하고 못 줍는다
화살은 쏘아도 찾을 수 있으나 말은 다시 수습할 수 없다는 말로 말을 삼가야 한다는 뜻.

서투른 목수가 연장 탓한다
자기 기술이나 능력이 부족한 것은 모르고 애매한 도구나 조건만 가지고 나쁘다고 탓한다는 뜻.

사공이 많으면 배가 산으로 간다.
여러 사람이 자기 주장만 내세우면 일이 제대로 되기 어렵다는 뜻.

세 살 적 버릇 여든까지 간다
어릴 때 몸에 밴 버릇은 늙어 죽을 때까지 고치기 힘들다는 뜻.

생활과 풍속을 담은 속담 ❷

가는 날이 장날 | 가는 방망이 오는 홍두깨 | 갈 수록 태산 | 개똥도 약에 쓰려면 없다 | 구더기 무서워서 장 못 담글까 | 귀에 걸면 귀걸이 코에 걸면 코걸이 | 냉수 먹고 이 쑤신다 | 더도 말고 덜도 말고 한가윗날만 같아라 | 등잔 밑이 어둡다 | 뚝배기보다 장맛이 좋다 | 매도 먼저 맞는 놈이 낫다 | 목구멍이 포도청이다 | 목마른 놈이 우물 판다 | 무소식이 희소식이다 | 미운 놈 떡 하나 더 준다 | 보기 좋은 떡이 먹기도 좋다 | 사공이 많으면 배가 산으로 간다 | 사돈집과 뒷간은 멀수록 좋다 | 산 입에 거미줄 치랴 | 서당개 삼 년이면 풍월을 읊는다 | 소문난 잔치에 먹을 것 없다 | 시장이 반찬이다 | 아니 땐 굴뚝에 연기 날까? | 아이 보는 데는 찬 물도 못 마신다 | 엎드려 절 받기 | 원수는 외나무 다리에서 만난다 | 이 없으면 잇몸으로 살지 | 집에서 새는 바가지는 들에 가도 샌다 | 짚신도 제 짝이 있다 | 첫 술에 배 부르랴 | 평안 감사도 저 싫으면 그만이다 | 흥정은 붙이고 싸움은 말리랬다

가는 날이 장날

어떤 일을 하려고 하다가 뜻하지 않게 공교로운 일을 만났을 때 하는 말이에요.

비슷한 속담 : 가는 날이 생일.

가는 방망이 오는 홍두깨

자기가 한 일보다 더 가혹한 갚음을 받게 된다는 말입니다. 또는 남을 해치려다가 제가 도리어 더 큰 화를 입게 된다는 말이기도 해요.

갈 수록 태산

갈수록 높고 큰 산이 나타난다는 말로, 무슨 일을 해 나감에 있어서 점점 더 어려운 일이 닥쳐온다는 뜻이에요.

비슷한 속담 : 산 넘어 산이다.

개똥도 약에 쓰려면 없다

아무리 보잘것없고 흔한 것도 정작 쓰려고 찾으면 구하기 어렵다는 말이에요.

비슷한 속담 : 까마귀 똥도 약에 쓰려면 오백 냥이라.

구더기 무서워서 장 못 담글까

무슨 일을 해야 할 때 작은 방해가 있다 하더라도 마땅히 할 일은 해야 한다는 말입니다.

비슷한 속담 : 장마가 무서워 호박을 못 심겠다.

귀에 걸면 귀걸이 코에 걸면 코걸이

정해 놓은 것이 아니고 둘러대기에 따라 이렇게도 되고 저렇게도 된다는 말이에요.

냉수 먹고 이 쑤신다

냉수를 먹고는 마치 고기를 먹은 체하며 이를 쑤신다는 말로, 실속은 없으면서 무엇이 있는 체 한다는 뜻이랍니다.

비슷한 속담 : 냉수 먹고 트림한다.

더도 말고 덜도 말고 한가윗날만 같아라

가윗날은 온갖 곡식이 익는 계절인 만큼 모든 것이 풍성하고 즐거운 놀이를 하며 지낸다고 해서, 잘 먹고 잘 입고 편히 살기를 바란다는 뜻이에요.

등잔 밑이 어둡다

등잔불은 등잔 받침에 가려져 아래쪽이 어두워요. 이 속담은 가까운 데 있는 일을 먼 데 있는 일보다 오히려 잘 모른다는 뜻이에요.

등잔 : 기름을 담아서 등불을 켜는 그릇.

뚝배기보다 장맛이 좋다

겉 모양은 보잘것없으나 내용은 훌륭다는 말입니다.

비슷한 속담 : 장독 보다 장맛이 좋다.

매도 먼저 맞는 놈이 낫다

이왕 겪어야 할 일이라면 아무리 어렵고 괴롭더라도 먼저 치르는 것이 낫다는 말이에요.

목구멍이 포도청이다

먹고살기 매우 어려워지면 자기도 모르는 순간 죄를 범하게 되어 포도청에 잡혀가게 된다는 말로, 먹고살기 위해서는 해서는 안 될 짓까지 하지 않을 수 없다는 뜻이에요.

포도청 : 도둑이나 범죄자를 잡기 위해 설치한 옛 관청.

목마른 놈이 우물 판다

어떤 일이든 가장 급하고 필요한 사람이 그 일을 서둘러 하게 되어 있다는 말입니다.

비슷한 속담 : 갑갑한 놈이 송사한다.

무소식이 희소식이다

아무 소식이 없는 것은 잘 지내고 있다는 말이니, 곧 기쁜 소식이나 다름없다는 말이에요.

미운 놈 떡 하나 더 준다

미울수록 매 대신 떡을 준다는 말로, 미운 사람일수록 잘 해 주고 생각하는 체라도 하여 감정을 쌓지 않아야 한다는 뜻이에요.

보기 좋은 떡이 먹기도 좋다

내용이 알차고 좋으면 겉모양도 보기가 좋다는 말과 겉모양새를 잘 꾸미는 것도 중요하다는 말입니다.

사공이 많으면 배가 산으로 간다

여러 사람이 저마다 자기 주장대로 배를 몰려고 하면 결국 배는 물로 못 가고 산으로 올라간다는 말로, 지시하고 간섭하는 사람이 많으면 일이 제대로 되기 어렵다는 뜻이에요.

사돈집과 뒷간은 멀수록 좋다

사돈집 사이에서는 말이 나돌기 쉽고 뒷간은 고약한 냄새가 나므로 둘 다 멀리 있을수록 좋다는 말이에요.

산 입에 거미줄 치랴

아무리 가난하여 식량이 떨어져도 사람은 그럭저럭 먹고 살아가기 마련이라는 말이에요.

비슷한 속담 : 사람이 굶어 죽으란 법은 업다.

서당개 삼 년이면 풍월을 읊는다

어떤 분야에 대해 아는 것이 아무것도 없는 사람이라도 그 분야에 오래 있으면 어느 정도 지식과 경험을 가질수 있다는 말입니다.

풍월 : 1.맑은 바람과 밝은 달 2.얻어 들은 짧은 지식. 이 속담에서는 얻어 들은 짧은 지식을 뜻해요.

소문난 잔치에 먹을 것 없다

떠들썩한 소문이나 큰 기대에 비하여 실속이 없거나 소문이 사실과 다르다는 말입니다.

비슷한 속담 : 이름난 잔치 배 고프다. 소문난 잔치 비지떡이 두레 반이라.

시장이 반찬이다

배가 고프면 무엇이나 다 맛있다는 말이에요.

비슷한 속담 : 맛없는 음식도 배고프면 달게 먹는다.

아니 땐 굴뚝에 연기 날까?

불을 땟기 때문에 굴뚝에 연기가 난다는 말로, 모든 일에 원인이 없으면 결과가 있을 수 없다는 뜻이에요.

비슷한 속담 : 아니 때린 장구 북소리 날까.

아이 보는 데는 찬 물도 못 마신다

아이들은 보는 대로 따라 하므로 아이들 볼 때는 함부로 행동하지 말라는 뜻이에요. 남이 하는 것을 바로 그대로 따라하는 사람을 비꼬는 말로도 쓰여요.

엎드려 절 받기

상대편은 할 마음도 없는데 요구하여 절을 받는다는 말로, 억지로 요구하여 대접을 받는다는 뜻입니다.

비슷한 속담 : 옆찔러 절 받기.

원수는 외나무다리에서 만난다

꺼리고 싫어하는 사람을 공교롭게 피할수 없는 곳에서 만나게 된다는 말이에요. 악한 일을 하면 반드시 그 죄를 받을 때가 온다는 말이기도 하지요.

비슷한 속담 : 외나무다리에서 만날 날이 있다.

이 없으면 잇몸으로 살지

이가 없으면 잇몸으로 음식물을 씹어먹듯이, 꼭 있어야 할 것이 없으면 없는 대로 견디어 나갈 수 있다는 말이에요.

이가 없으면 잇몸으로 먹으면 되지요!

못 먹으면 나 주지...

집에서 새는 바가지는 들에 가도 샌다

본바탕이 나쁜 사람은 어디를 가나 그 성품이 드러나고야 만다는 말이에요.

동생을 집에서도 때리고 밖에서도 때리고...

짚신도 제 짝이 있다

짚으로 만든 신도 오른쪽, 왼쪽으로 만들어져 짝이 있다는 말로, 보잘것없는 사람도 어울리는 제짝이 있다는 뜻이에요.

비슷한 속담 : 헌 고리도 짝이 있다.

첫 술에 배 부르랴

어떤 일이든지 처음부터 단번에 만족할 수 없다는 말입니다.

비슷한 속담 : 한술 밥에 배 부르랴.

평안 감사도 저 싫으면 그만이다

아무리 좋은 일이라도 자기 마음이 내키지 않으면 억지로 시킬 수 없다는 말이에요.

비슷한 속담 : 상감님도 제 마음에 들어야 한다.

흥정은 붙이고 싸움은 말리랬다

좋은 일은 권하고 나쁜 일은 말려야 한다는 말입니다.

시험에 자주 나오는 속담 2

선무당이 사람 잡는다
능력이 없어서 제구실을 못하면서 함부로 하다가 큰일을 저지르게 된다는 뜻.

소경이 개천 나무란다
자기 잘못을 생각하지 않고 남만 탓한다는 뜻.

소 잃고 외양간 고친다
이미 일을 그르친 뒤에 뉘우치거나 손질해도 소용이 없음을 비꼬는 말.

쇠귀에 경 읽기
아무리 가르치고 일러 주어도 알아듣지 못하거나 효과가 없음을 이르는 말.

시작이 반이다
무슨 일이든 시작이 어렵지 일단 시작하면 끝마치기는 그리 어렵지 않다는 뜻.

우물을 파도 한 우물만 파라
어떠한 일이든 한 가지 일을 끝까지 하여야 성공할 수 있다는 뜻.

아니 땐 굴뚝에 연기 나랴
어떤 결과이든 반드시 원인이 있다는 뜻.

얕은 내도 깊게 건너라
깊은 내를 건너듯이 일을 조심해서 하라는 말.

열 길 물 속은 알아도 한 길 사람 속은 모른다
사람의 속마음을 알기란 매우 어렵다는 뜻.

웃는 낯에 침 뱉으랴
좋게 대하는 사람에게 나쁘게 대할 수 없다는 말.

원숭이도 나무에서 떨어진다
아무리 익숙하고 잘하는 사람이라도 간혹 실수 할 때가 있다는 뜻.

자라보고 놀란 가슴 솥뚜껑보고 놀란다
어떤 사물에 몹시 놀란 사람은 그와 비슷한 사물만 보아도 겁을 낸다는 말.

작은 고추가 더 맵다
몸집이 작은 사람이 큰 사람보다 오히려 단단하고 재주가 뛰어나다는 뜻.

좋은 약은 입에 쓰다
충고나 나쁜 점을 지적하는 말은 듣기 싫으나 새겨들으면 유익하다는 뜻.

지성이면 감천이다
정성을 다하면 아주 어려운 일도 순조롭게 풀리어 좋은 결과를
얻는다는 뜻.

천 리 길도 한 걸음부터
무슨 일이나 그 일의 시작이 중요하다는 뜻.

천 길 물 속은 알아도 한 길 사람의 속은 모른다
사람의 마음을 알기란 매우 힘들다는 뜻.

첫술에 배 부르랴
어떤 일이든지 단번에 만족할 수 없다는 뜻.

콩 심은 데 콩 나고 팥 심은 데 팥 난다
모든 일은 원인에 따라 결과가 나타난다는 뜻.

티끌 모아 태산
아무리 작은 것이라도 모이고 모이면 큰 것이 된다는 뜻.

피는 물보다 진하다
피를 나눈 가족은 그만큼 소중하다는 뜻.

한 번 실수는 병가의 상사
한 번쯤의 실수는 누구에게나 다 있는 것이니 크게 탓할 것이 아니라는 말.

형만한 아우 없다
모든 일에 있어서 아우가 형만 못하다는 뜻.

호랑이도 제말하면 온다
㉠그 자리에 없다고 하여 남을 함부로 흉보아서는 안된다는 뜻.
㉡다른 사람에 관한 이야기를 하는데 마침 그 사람이 나타났음을 이르는 말.

호랑이 없는 골에 토끼가 왕 노릇 한다
뛰어난 사람이 없는 곳에서 보잘것없는 사람이 득세 한다는 뜻.

호박이 넝쿨째 굴러 떨어졌다
뜻밖에 좋은 물건을 얻거나 행운을 만났다는 뜻.

호랑이는 죽어서 가죽을 남기고 사람은 죽어서 이름을 남긴다
사람은 살아 있는 동안 훌륭한 일을 하여 다음 세대에 빛나는 이름을
남겨야 한다는 뜻.

가족과 이웃, 친구에 관한 속담 ③

가까운 남이 먼 일가보다 낫다 | 가지 많은 나무에 바람 잘 날 없다 | 갈치가 갈치 꼬리 문다 |
고슴도치도 제 새끼 함함하다고 한다 | 귀한 자식 매 한 대 더 때리고 미운 자식 떡 하나 더 준다 |
그 어머니에 그 아들 | 남편은 두레박 아내는 항아리 | 내리 사랑은 있어도 치사랑은 없다 |
되는 집안에는 가지 나무에 수박이 열린다 | 떡 해 먹을 집안 | 말 많은 집은 장 맛도 쓰다 |
부모가 착해야 효자난다 | 불면 꺼질까 쥐면 터질까 | 사촌이 땅을 사면 배가 아프다 |
새도 가지를 가려 앉는다 | 손자를 귀애하면 코 묻은 밥을 먹는다 | 어미 팔아 친구 산다 |
열 손가락 깨물어 안 아픈 손가락 없다 | 웃는 집에 복이 있다 | 이웃집 며느리 흉도 많다 |
자식 둔 골은 호랑이도 돌아본다 | 긴 병에 효자 없다 |
재물을 잃는 것은 작은 것을 잃는 것이고 친구를 잃는 것은 큰 것을 잃는 것이다 |
죄 지은 놈 옆에 있다가 벼락 맞는다 | 친구는 옛친구가 좋고 옷은 새 옷이 좋다 |
팔백 금으로 집을 사고, 천 금으로 이웃을 산다 | 피는 물보다 진하다 |
한 부모는 열 자식을 거느려도 열 자식은 한 부모를 못 모신다 | 한 어미 자식도 아롱이다롱이 |
형만 한 아우 없다 | 효성이 지극하면 돌에도 풀이 난다

가까운 남이 먼 일가보다 낫다

이웃과 서로 가까이 지내다 보면 먼 곳에 있는 일가보다 더 친하게 되어 서로 도우며 살게 된다는 말이에요.

비슷한 속담 : 이웃이 사촌보다 낫다.

가재는 게 편이라

가재와 게는 생긴 모양새가 서로 비슷해요. 모양이나 형편이 비슷한 사람끼리 서로 잘 어울리고 감싸주기 쉽다는 말이에요.

비슷한 속담 : 솔개는 매 편. 초록은 동색이니라. 늑대가 짖으니 개가 꼬리를 흔든다.

가지 많은 나무에 바람 잘 날 없다

가지가 많으면 바람에 잘 흔들려서 잠시도 가만히 있을 수 없듯이 자식을 많이 둔 부모에게는 걱정이 그칠 날이 없다는 말이에요.

비슷한 속담 : 새끼 아홉 둔 소 길마 벗을 날 없다.

갈치가 갈치 꼬리 문다

친한 사이에 서로를 모함하거나 해친다는 말이에요.

비슷한 속담 : 망둥이 제 동무 잡아먹는다

고슴도치도 제 새끼 함함하다고 한다

털이 바늘처럼 꼿꼿한 고슴도치도 제 새끼의 털이 부드럽다고 한다는 말로, 누구나 제 자식은 잘나고 귀여워 보인다는 뜻이에요.

함함하다 : 털이 보드랍고 반지르르하다.

귀한 자식 매 한 대 더 때리고 미운 자식 떡 하나 더 준다

아이들 버릇을 잘 가르치기 위해서는 아이에게 당장 좋게만 해 주는것이 오히려 해롭다는 말이에요.

비슷한 속담 : 귀한 자식 매로 키워라.

그 어머니에 그 아들

아들딸의 재능이나 행실이 자기 어머니를 닮았을 경우를 이르는 말이에요.

비슷한 속담 : 그 아버지에 그 아들.

남편은 두레박 아내는 항아리

두레박으로 물을 길어서 항아리에 채운다고 해서, 남편이 밖에서 돈을 벌어 오면 아내는 그것을 잘 모으고 간직함을 비유적으로 이르는 말입니다.

예쁜 우리 딸~.

내리 사랑은 있어도 치사랑은 없다

윗사람이 아랫사람을 사랑하기는 하여도 아랫사람이
윗사람을 사랑하기는 쉽지 않다는 말이에요.
또는 부모가 자식을 사랑하는 만큼 자식이 부모를
사랑하기는 좀처럼 어렵다는 말이에요.

되는 집안에는 가지 나무에 수박이 열린다

가정이 화목하여 잘되어 가는 집은
하는 일마다 좋은 결과를
맺는다는 말이에요.

반대되는 속담 : 떡 해 먹을 집안.

와 ~ 나무에 수박이 열렸어~.

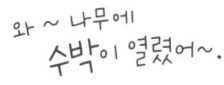

떡 해 먹을 집안

떡을 해서 귀신에게 고사를 지내야 할 집안이라는 뜻으로, 화합하지 못하고 어려운 일만 계속해서 일어나는 집안을 가리키는 말입니다.

말 많은 집은 장 맛도 쓰다

집안에 잔말이 많아 화목하지 못하면 살림이 잘 안된다는 말이에요.

비슷한 속담 : 말 단 집에 장 단 법 없다.

부모가 착해야 효자난다

부모가 착해야 자식도 부모를 본받아
착한 사람이 된다는 말이에요.

비슷한 속담 : 부모가 온효자 되어야 자식이 반효자 된다.

불면 꺼질까 쥐면 터질까

부모가 어린 자녀를 매우 사랑하고 아끼며 기른다는 말이에요.

비슷한 속담 : 쥐면 꺼질까 불면 날까.

사촌이 땅을 사면 배가 아프다

사촌이 땅을 사면 샘이 나서 배가 아프다는 말로, 가까운 사람이 잘되는 것을 기뻐해 주지는 않고 오히려 시기하고 질투한다는 뜻이에요.

새도 가지를 가려 앉는다

새조차도 나뭇가지에 앉을 때 아무 가지에나 앉지 않고, 고르고 가려서 앉는다는 말로, 친구를 신중하게 가려서 사귀어야 한다는 말이에요. 주위 환경을 잘 살펴서 신중하게 행동하라는 말이기도 하고요.

손자를 귀애하면 코 묻은 밥을 먹는다

손자를 너무 예뻐하면 손자의 코 묻은 밥을 먹게 된다는 말로, 어리석은 사람과 친하면 손해만 입게 된다는 뜻이에요.

어미 팔아 친구 산다

가장 사랑하는 어미를 팔아 친구를 사는 일은 생각조차 할 수 없는 일이지요. 이 속담은 사람은 누구나 친구가 있어야 한다는 뜻입니다.

열 손가락 깨물어 안 아픈 손가락 없다

열 손가락을 깨물어 보면 안 아픈 손가락이 없듯이,
부모에게는 자식이 아무리 많아도
모두 소중하다는 말이에요.

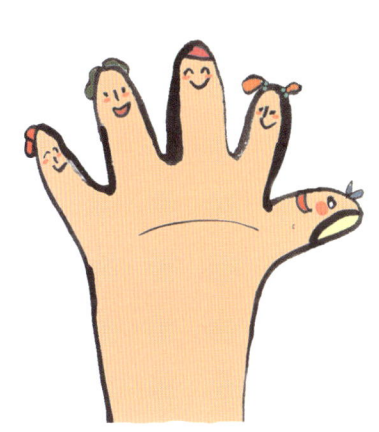
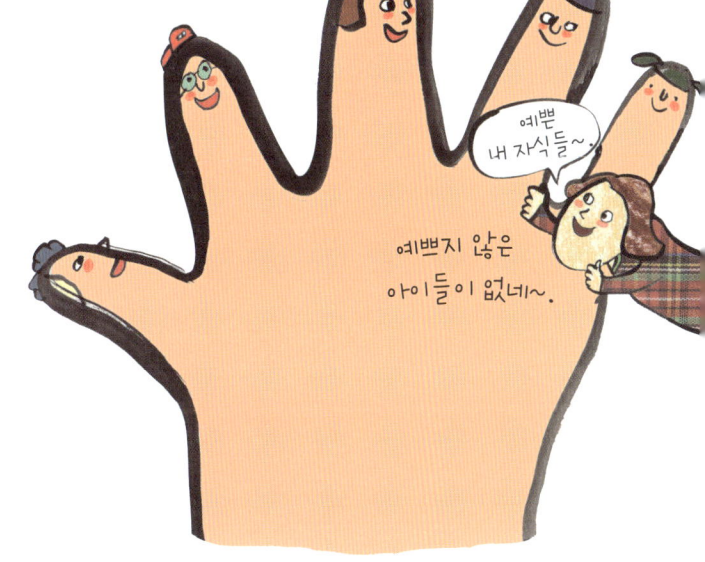

웃는 집에 복이 있다

가정이 화목하여 늘 웃음꽃이 피는 집에는 행복이 찾아든다는
말이에요.

이웃집 며느리 흉도 많다

늘 가까이 있고 잘 아는 사이일수록 상대편의 결점이 눈에 더 많이 띈다는 말입니다.

비슷한 속담 : 가까운 집 며느리일수록 흉이 많다.

자식 둔 골은 호랑이도 돌아본다

짐승도 자기 새끼를 사랑하여 그 새끼가 있는 곳을 살펴보는데 사람이야 더 말할 나위 없다는 말이에요.

긴 병에 효자 없다

부모가 늘 병을 앓고 있으면 자식이 한결같이
효도 하기가 쉽지 않다는 말이에요.

재물을 잃는 것은 작은 것을 잃는 것이고
친구를 잃는 것은 큰 것을 잃는 것이다

훌륭한 친구는 그 어떤 재물과도 비길 수 없이 소중하다는 말이에요.

재물 : 돈이나 그 밖의 값나가는 모든 물건.

죄 지은 놈 옆에 있다가 벼락 맞는다

나쁜 일을 한 사람과 함께 있다가 죄 없는 사람까지 누명을 쓴다는 말로, 못된 사람과 사귀면 좋지 은 일을 당할수 있다는 뜻이에요.

친구는 옛친구가 좋고 옷은 새 옷이 좋다

친구는 오래 사귄 친구일수록 정이 깊고 두터워서 좋다는 말이에요.

팔백 금으로 집을 사고, 천 금으로 이웃을 산다

집을 정할 때는 집보다 이웃을 신중히 살펴보고 정하라는 말로, 집보다 이웃이 더 중요하다는 뜻이에요.

비슷한 속담 : 세 닢 주고 집 사고 천 냥 주고 이웃 산다.

피는 물보다 진하다

피를 나눈 가족은 그만큼 소중하다는 말이에요.

한 부모는 열 자식을 거느려도 열 자식은 한 부모를 못 모신다

자식이 많아도 부모는 정성을 들여 잘 거느리고 살아가나 부모가 늙고 병들면 열 명의 자식이라도 한 부모를 모시지 못하는 경우가 많다는 뜻이에요.

한 어미 자식도 아롱이다롱이

한 어미에게서 난 자식도 생긴 모습과 성격이 각각 다르다는 말로, 세상일은 무엇이나 똑같은 것이 없다는 뜻이에요.

아롱이다롱이 : 비슷하게 아롱진 무늬나 그 무늬가 있는 물건.
비슷한 속담 : 한날한시에 난 손가락도 짧고 길다.

형만 한 아우 없다

아우가 아무리 뛰어나도 형만 못하다는 말이에요. 또한 아우가 아무리 형을 생각한다 해도 형이 아우를 생각하고 사랑하는 마음에는 미치지 못한다는 뜻이기도 해요.

비슷한 속담 : 아비만한 자식 없다

효성이 지극하면 돌에도 풀이 난다

효성이 지극하면 어떤 어려운 조건에서도 자식된 도리를 다할 수 있다는 말입니다.

비슷한 속담 : 효성이 지극하면 돌 위에 꽃이 핀다.

속담 속 재미난 이야기

달걀에도 뼈가 있다

늘 일이 잘 안되던 사람이 모처럼 좋은 기회를 얻었는데, 그 일마저 공교롭게 꼬여 잘 안될 때 쓰는 속담입니다. 이 속담을 한자어로 계란유골(鷄卵有骨)이라고 합니다. '계란을 먹으려고 했는데 계란 속에 뼈가 들어 있어서 먹을 수가 없다'는 뜻으로 풀이하지요.
그런데 이러한 풀이가 정말 맞는 것일까요?
이 속담의 유래에 대하여 다음과 같은 이야기가 전해 옵니다.

고려시대 때, 어느 마을에 강일용이란 사람(조선시대 황희 정승이라는 기록도 있음)이 무척 가난하게 살고 있었습니다. 어찌나 가난하였던지 이 사실이 임금에게까지 알려졌습니다.
어느날, 임금이 강일용을 도와주려고 하룻동안 성으로 들어오는 모든 물건을 그에게 모두 주라고 신하를 불러 명령했습니다.
그런데 그날따라 공교롭게도 하루종일 비가 많이 내려서 성으로 들어오는 사람은 커녕 길거리에 오가는 사람도 거의 없었습니다.
어느덧 해가 서산으로 지고 날이 어두워 성문을 닫을 즈음 한 사람이 계란 꾸러미를 등에 지고 성문 안으로 걸어 들어왔습니다. 그러자 강일용이 계란 꾸러미를 받아들고 집으로 돌아와 계란을 삶아 먹으려고 보았더니 모두 곯아서 먹을 수가 없었습니다.

위 이야기에서 보듯이 이 속담의 계란유골(鷄卵有骨)이란 계란이 곯아서 먹을 수 없었다는 뜻임을 알 수 있습니다.
'계란에도 뼈가 있다'라는 말은 후세 사람들이 한자의 뜻을 곧이곧대로 풀이하는 바람에 지금처럼 굳어진 것입니다. 계란이 곯으면 사람들이 먹지 않는 것이 일반적이므로 이 속담의 한자어 계란유골(鷄卵有骨)의 골(骨)은 뼈가 아니라 곯았다고 해석하는 것이 옳다고 하겠습니다.

개똥도 약에 쓰려면 없다

'개똥도 약에 쓰려면 없다'는 속담은 평소에 무척 흔하던 것도 막상 필요하여 쓰려고 하면 없다는 말입니다.

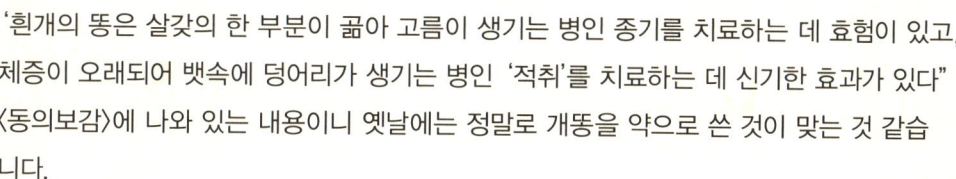

그런데 옛날에는 마을마다 길거리에 흔하게 널린 개똥을 정말 약으로 썼을까요?
조선시대의 한의학자인 허준이 지은 〈동의보감〉을 살펴보면 개똥의 약효에 대해 이렇게 나와 있습니다.
'흰개의 똥은 살갗의 한 부분이 곪아 고름이 생기는 병인 종기를 치료하는 데 효험이 있고, 체증이 오래되어 뱃속에 덩어리가 생기는 병인 '적취'를 치료하는 데 신기한 효과가 있다"
〈동의보감〉에 나와 있는 내용이니 옛날에는 정말로 개똥을 약으로 쓴 것이 맞는 것 같습니다.

마른 하늘에 날벼락

뜻하지 아니한 상황에서 뜻밖에 당하는 재난을 가리킬 때 쓰는 속담입니다.

벼락은 공중의 전기와 땅 위의 물체 사이에 일어나는 전기 작용이 요란한 소리를 내며 땅 위의 물체에 내리꽂히는 현상을 가리킵니다. 주로 비가 올 때 일어나는 현상입니다.
그런데 비가 오지 않는 맑은 하늘에 벼락이 칠 때도 있는데 이를 '마른하늘에 날벼락'이라고 합니다.
그런데 정말 비가 오지 않는 마른 하늘에 벼락이 칠 수 있을까요?
마른 하늘이라고 해도 구름이 끼고 습도가 높으면 번개가 칠 가능성이 있다고 합니다.

관측자가 있는 곳은 햇빛이 쨍쨍 나는 맑은 날씨이지만 하늘 멀리 떨어진 곳에 마침 비구름이 지나갈 때 거기서 관측자 쪽으로 번쩍하고 번개가 치고 천둥소리가 날 때가 있는데 이것이 바로 마른하늘에 날벼락인 셈입니다.
흔하지 않게 일어나는 현상이지만 과학적으로 충분히 일어날수 있는 일이라고 합니다.

경제와 돈에 관한 속담 4

값싼 것이 비지떡 | 강물도 쓰면 준다 | 같은 값이면 다홍치마 | 개같이 벌어서 정승같이 쓴다 |
곤쟁이 주고 잉어 낚는다 | 굳은 땅에 물이 고인다 | 궤 속의 녹슨 돈은 똥도 못 산다 |
기와 한 장 아끼다가 대들보 썩힌다 | 꿩 먹고 알 먹는다 |
남의 돈 천 냥이 내 돈 한 푼만 못하다 | 도는 개는 배 채우고 누운 개는 옆 챈다 |
돈 놓고는 못 웃어도 아이 놓고는 웃는다 | 돈만 있으면 귀신도 부릴 수 있다 |
돈 모아 줄 생각 말고 자식 글 가르쳐라 | 돈은 있다가도 없어지고 없다가도 생기는 법이라 |
돈이 돈 번다 | 돈이라면 호랑이 눈썹도 빼 온다 | 닷 돈 보고 보리밭에 갔다가 명주 속곳 찢었다 |
밑져야 본전 | 땅을 열 길 파도 고리전 한 푼 생기지 않는다 | 백지장도 맞들면 낫다 |
버는 자랑 말고 쓰는 자랑 하랬다 | 부잣집 외상보다 비렁뱅이 맞돈이 좋다 |
비단 한 단을 하루에 짜려 말고 한 식구를 줄여라 | 소같이 벌어서 쥐같이 먹어라 |
소경 제 닭 잡아 먹기 | 쌈짓돈이 주머닛돈 | 재주는 곰이 넘고 돈은 주인이 받는다 |
천석꾼에 만 가지 걱정 만석꾼에 만 가지 걱정| 티끌 모아 태산 |
한 푼 돈을 우습게 여기면 한 푼 돈에 울게 된다 | 흉년의 떡도 많이 나면 싸다

값싼 것이 비지떡

비지떡은 값은 싸지만 맛이 없다는 말로, 값이 싼 물건치고 품질이 좋은 것이 없다는 뜻이에요.

강물도 쓰면 준다

아무리 많아도 쓰면 줄어드는 것이니, 풍부하다고 하여 함부로 헤프게 쓰지 말고 아껴서 쓰라는 말이에요.

비슷한 속담 : 시냇물도 퍼 쓰면 준다.

같은 값이면 다홍치마

값이 같다면 보기에도 예쁜 치마가 더 좋다는 말로, 이왕 같은 값이면 자기에게 이득이 많은 것을 고른다는 뜻입니다.

비슷한 속담 : 같은 값이면 껌정소 잡아먹는다.

개같이 벌어서 정승같이 쓴다

돈을 벌 때는 궂은 일, 힘든 일이라도 하면서 벌고 쓸 때는 떳떳하고 보람있게 쓰라는 말입니다.

비슷한 속담 : 돈은 더럽게 벌어도 깨끗이 쓰면 된다.

곤쟁이 주고 잉어 낚는다

곤쟁이를 미끼로 큰 잉어를 잡는다는 말로, 적은 자본을 들여 큰 이익을 본다는 뜻이에요.

곤쟁이 : 새우의 한 종류로 작고 몸이 연함.
비슷한 속담 : 버린 밥으로 잉어 낚는다.

굳은 땅에 물이 고인다

헤프게 쓰지 않고 검소하고 절약하는 마음이 굳은 사람이라야 재산을 모을 수 있다는 뜻과 무슨 일이든 굳게 마음먹고 해야 좋은 결과를 얻게 된다는 뜻이에요.

비슷한 속담 : 단단한 땅에 물이 괸다.

궤 속의 녹슨 돈은 똥도 못 산다

돈은 쓸 때 써야 그 값어치를 다 하게 된다는 말입니다.

기와 한 장 아끼다가 대들보 썩힌다

작은 것을 아끼려다다 오히려 큰 손해를 본다는 말이에요.

비슷한 속담 : 좁쌀만큼 아끼다가 담 돌만큼 해 본다.

꿩 먹고 알 먹는다

꿩을 잡아서 먹으려고 보니 뱃 속에 알이 있어요. 그래서 꿩도 먹고 알도 덤으로 먹으니 얼마나 좋겠어요? 한 가지 일을 하여 두 가지 이상의 이익을 본다는 말입니다.

비슷한 속담 : 뽕도 따고 임도 본다.

남의 돈 천 냥이 내 돈 한 푼만 못하다

아무리 적고 보잘것없는 것이라도 자기가 직접 가진 것이 더 낫다는 말이에요.

비슷한 속담 : 남의 집 금송아지가 우리집 송아지만 못하다.

도는 개는 배 채우고 누운 개는 옆 챈다

활동하면 얻는 바가 있지만 누워서 게으름이나 피우면 옆구리나 차이기 마련이라는 말이에요.

돈 놓고는 못 웃어도 아이 놓고는 웃는다

재물이 많은 사람은 도둑을 걱정하여 웃을 수 없으나 아이를 가진 사람은 아이의 재롱을 보며 웃을수 있다는 말로, 재물보다 자식이 더 소중하다는 뜻이에요.

돈만 있으면 귀신도 부릴 수 있다

돈만 있으면 세상에 못 할 일이 없다는 말이에요.

비슷한 속담 : 돈만 있으면 귀신도 사귄다.

돈 모아 줄 생각 말고 자식 글 가르쳐라

자식에게 재물을 물려주는 것보다 교육을 잘 시키는 것이 더 소중하다는 말이에요.

비슷한 속담 : 황금 천 냥이 자식 교육만 못하다.

돈은 있다가도 없어지고 없다가도 생기는 법이라

돈은 돌고 도는 것이므로 돈으로 상대를 평가하는 것은 어리석은 일이라는 말이에요.

살다 보면 돈이 있을 때도 있고 없을 때도 있고.

돈이 돈 번다

돈이 많은 사람이 그 이익을 통하여 돈을 더 벌 수 있다는 말이에요.

어머~ 내 땅값이 또 올랐네~

돈이라면 호랑이 눈썹도 빼 온다

돈이 생기는 일이라면 아무리 어렵고 위험한 일이라도 한다는 말.

닷 돈 보고 보리밭에 갔다가 명주 속곳 찢었다

작은 이익을 얻으려다 도리어 큰 손해를 보게 됨을 이르는 말입니다.

밑져야 본전

어떤 일이 잘못되어 밑졌다고 해도 이득을 보지 못했을 뿐 손해를 보지 않아 본전은 남아 있다는 말이에요. 또한 손해 볼 것이 없으니 한번 해 보아야 한다는 말이기도 해요.

땅을 열 길 파도 고리전 한 푼 생기지 않는다

돈이 생기는 것은 공짜로 되는 것이 아니므로 한 푼의 돈이라도 아껴서 쓰라는 말이에요.

고리전 : 예전에 쓰던 고리 모양의 쇠돈.

백지장도 맞들면 낫다

가벼운 종이 한 장도 함께 들면 옮기기가 더 쉽다는 말로, 아무리 쉬운 일이라도 여럿이 힘을 합해서 하면 혼자 하는 것보다 훨씬 쉽고 많은 일을 할 수 있다는 뜻이에요.

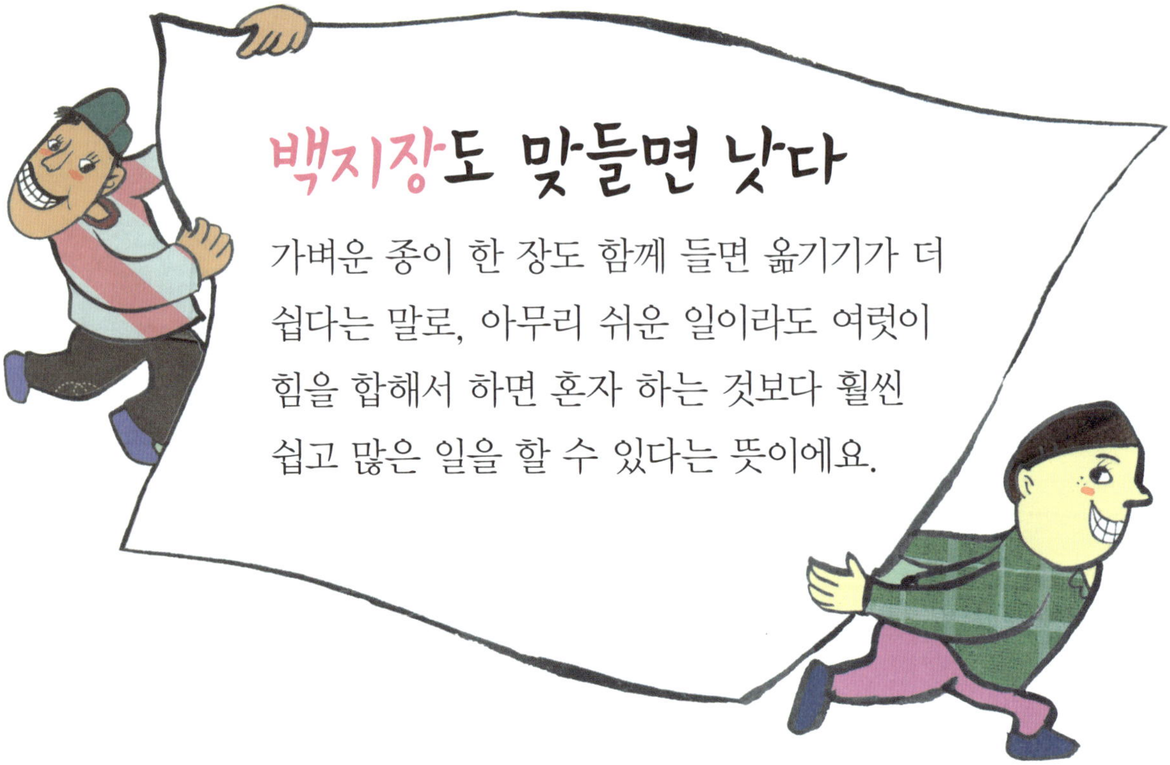

버는 자랑 말고 쓰는 자랑 하랬다

돈을 모으려면 저축을 잘해야 된다는 말이에요.

열심히 저축해야지.

부잣집 외상보다 비렁뱅이 맞돈이 좋다

장사에는 아무리 튼튼한 자리나 신용이 있더라도 외상보다는 맞돈이 더 좋다는 말이에요. 장사에는 외상을 경계하라는 뜻이지요.

비단 한 단을 하루에 짜려 말고 한 식구를 줄여라

수입을 늘리려고 무리하게 일하는 것보다 꼭 필요한 사람만 두는 것이 오히려 낫다는 말로, 지출을 줄이는 것이 경제적으로 더 현명하다는 뜻입니다.

비슷한 속담 : 열 식구 벌려 말고 한 입 덜라.

소같이 벌어서 쥐같이 먹어라

소처럼 구준히 힘써 일하여 많이 벌어서는 쥐처럼 조금씩 먹으라는 말. 일은 열심히 하여서 돈은 많이 벌고 생활은 검소하게 하라는 뜻입니다.

소경 제 닭 잡아 먹기

장님이 횡재라고 좋아한 것이 알고 보니 제 것이었다는 말로, 이익을 보는 줄 알고 한 일이 결국 자기에게 손해가 되거나 아무런 이익이 없다는 뜻이에요.

쌈짓돈이 주머닛돈

쌈지에 든 돈이나 주머니에 든 돈이나 한가지라는 말로, 그 돈이 그 돈이어서 구별할 필요가 없다는 뜻이에요. 또한 한가족의 것은 굳이 가릴 것 없이 가족 전체의 것이라는 뜻이기도 해요.

비슷한 속담 : 중 양식이 절 양식

재주는 곰이 넘고 돈은 주인이 받는다

수고하여 일 한 사람은 따로 있지만, 그 일에 대한 보수는 다른 사람이 받는다는 말이에요.

비슷한 속담 : 비는 하늘이 주고 절은 부처가 받는다.

천석꾼에 천 가지 걱정
만석꾼에 만 가지 걱정

재산이 많으면 그만큼 걱정거리도 많이 생긴다는 말이에요.

티끌 모아 태산

아무리 작은 것이라도 모이면 큰 것이 된다는 말이에요

비슷한 속담 : 모래알도 모으면 산이 된다. 실도랑이 모여 대동강된다.

한 푼 돈을 우습게 여기면 한 푼 돈에 울게 된다

아무리 적은 돈이라도 하찮게 여기지 말라는 말이에요.

흉년의 떡도 많이 나면 싸다

귀한 물건이라도 많이 나면 천해진다는 말입니다.

같은 뜻 다른 속담

가랑잎에 떨어진 좁쌀알 찾기
잔디밭에서 바늘 찾기
무엇을 찾기가 매우 어렵거나 불가능 하다는 뜻.

송충이는 솔잎을 먹어야 한다
숭어가 뛰니까 망둥이도 뛴다
자신의 형편과 분수에 맞게 행동하라는 뜻.

누워서 떡 먹기
땅 짚고 헤엄치기
일이 아주 쉽다는 뜻.

가는 말이 고와야 오는 말이 곱다
오는 떡이 두터워야 가는 떡이 두텁다
내가 남에게 좋게 해야 남도 나에게 좋게 한다는 뜻.

금강산도 식후경
수염이 대자라도 먹어야 양반
먹는 것이 다른 무엇보다 중요하다는 뜻.

낙숫물이 댓돌 뚫는다
작은 도끼도 연달아 치면 큰 나무를 눕힌다
작은 힘이라도 끈기있게 계속하면 성공한다는 뜻.

돌부리를 차면 발부리만 아프다
바위를 차면 제 발부리만 아프다
쓸데없이 화를 내면 자기에게만 해롭다는 뜻.

우물에 가 숭늉 찾는다
콩밭에 가서 두부 찾는다
일의 순서를 모르고 성급하게 덤빈다는 뜻.

번개가 잦으면 천둥을 한다
방귀가 잦으면 똥 싸기 쉽다
무슨 일이나 소문이 잦으면 실현되기 쉬움을 비유적으로 이르는 말.

소 잃고 외양간 고친다
도둑 맞고 사립문 고친다
이미 일을 그르친 뒤에는 뉘우치거나 손질을 해도 소용이 없다는 뜻.

굼벵이도 구르는 재주가 있다
우렁이도 두렁 넘을 꾀가 있다
무능한 사람도 한 가지 재주가 있다는 뜻.

자라보고 놀란 가슴 솥뚜껑 보고 놀란다
더위 먹은 소 달만 보아도 헐떡인다
어떤 사물에 몹시 놀란 사람은 그와 비슷한 사물만 보아도 놀란다는 뜻.

말 한 마디에 천 냥 빚도 갚는다
혀 아래 도끼 들었다
말만 잘하면 어려운 일도 해결할 수 있고, 말을 잘 못하면 큰 손해가 될 수도 있다는 뜻.

울지 않는 아이 젖 주랴
보채는 아이 밥 한술 더 준다
무슨 일에 있어서나 요구하여야 얻을 수 있다는 뜻.

고생 끝에 낙이 온다
태산을 넘으면 평지를 본다
어려운 일을 겪은 뒤에는 반드시 좋은 일이 생긴다는 뜻.

사람의 됨됨이를 나타낸 속담 5

감기 고뿔도 남을 안 준다 | 개천에서 용 난다 | 고양이 앞에 쥐다 | 구관이 명관이다 |
기는 놈 위에 나는 놈 있다 | 꾸어다 놓은 보릿자루 | 꿀 먹은 벙어리 | 방귀 뀐 놈이 성낸다 |
똥이 무서워 피하나 더러워 피하지 | 못된 송아지 엉덩이에 뿔이 난다 |
물에 빠진 놈 건져 놓으니까 내 봇짐 내라 한다 | 미꾸라지 용됐다 |
미꾸라지 한 마리가 온 웅덩이를 흐려놓는다 | 밥 먹을 때는 개도 안 때린다 |
벼룩도 낯짝이 있다 | 빈 수레가 요란하다 | 사나운 개 콧등 아물 틈이 없다 |
앉은 자리에 풀도 안 나겠다 | 약방에 감초 | 얌전한 고양이 부뚜막에 먼저 올라간다 |
양반은 물에 빠져도 개헤엄을 안 친다 | 어물전 망신은 꼴뚜기가 시킨다 |
열 길 물 속은 알아도 한 길 사람 속은 모른다 | 열 번 찍어 아니 넘어가는 나무 없다 |
우물 안 개구리 | 원숭이도 나무에서 떨어진다 | 익은 밥 먹고 선소리 한다 |
입은 거지는 얻어먹어도 벗은 거지는 못 얻어먹는다 | 작은 고추가 더 맵다 |
지렁이도 밟으면 꿈틀한다 | 털어서 먼지 안 나는 사람 없다 |
호랑이는 죽어서 가죽을 남기고 사람은 죽어서 이름을 남긴다

감기 고뿔도 남을 안 준다

감기조차 남을 안 줄 정도로 지독하게 인색하다는 말이에요.

비슷한 속담 : 나그네 보내고 점심 한다.

개천에서 용 난다

변변하지 못한 집안에서 훌륭한 인물이 나왔다는 말이에요.

비슷한 속담 : 개똥밭에 인물 난다.

고양이 앞에 쥐다

무서운 사람 앞에서 썰썰 기면서 꼼짝 못한다는 말이에요.

구관이 명관이다

무슨 일이든 경험이 많은 사람이 잘 한다는 말이에요, 또 나중 사람을 겪어 봄으로써 먼저 사람이 좋은 줄 알게 된다는 말이기도 합니다.

기는 놈 위에 나는 놈 있다

아무리 재주가 뛰어나다 하더라도 그 보다 더 뛰어난 사람이 있다는 말로, 스스로 뽐내지 말고 겸손하라는 뜻이에요.

비슷한 속담 : 뛰는 놈 위에 나는 놈 있다. 치 위에 치가 있다.

꾸어다 놓은 보릿자루

여러 사람이 모여 이야기 하는 자리에서 말도 하지 않고 한옆에 가만히 있는 사람을 두고 하는 말이에요.

비슷한 속담 : 꾸어다 놓은 빗자루. 전당 잡은 촛대.

꿀 먹은 벙어리

꿀 먹은 벙어리는 그 맛을 알면서도 어떻다고 말을 하지 못 하겠죠.
무슨 일에 대하여 아무 말이 없는 사람을 가리켜 하는 말이에요.

비슷한 속담 : 꿀 먹은 벙어리요 침 먹은 지네라.

똥이 무서워 피하나 더러워 피하지

악한 사람을 상대하지 않고 피하는 것은 그가 무서워서가 아니라
상대할 가치가 없기 때문이라는 말이에요.

비슷한 속담 : 개똥이 무서워서 피하나 더러워서 피하지.

못된 송아지 엉덩이에 뿔이 난다

되지 못한 것이 건방지고 엇나가는 짓만 한다는 말이에요.

비슷한 속담 : 못된 벌레 장판방에서 모로 긴다.

물에 빠진 놈 건져 놓으니까 내 봇짐 내라 한다

남에게 은혜를 입은 사람이 그 고마움을 모르고 도리어 생트집을 잡는다는 말이에요.

비슷한 속담 : 물에 빠진 놈 건져 놓으니까 망건값 달라 한다.

미꾸라지 용됐다

천하고 보잘것없던 사람이 크게 잘되었다는 말이에요.

미꾸라지 한 마리가 온 웅덩이를 흐려 놓는다

미꾸라지 한 마리사 흙탕물을 일으켜서 웅덩이의 물을 다 흐리게 한다는 말로, 한 사람의 못된 행동이 그 집단 전체나 여러 사람에게 나쁜 영향을 미친다는 뜻이에요.

비슷한 속담 : 미꾸라지 한 마라가 한강 물을 다 흐리게 한다.

밥 먹을 때는 개도 안 때린다

하찮은 짐승일지라도 먹을 때는 때리지 않는 다는 말로, 아무리 잘못한 것이 있더라도 음식을 먹고 있을 때는 꾸짖지 말라는 뜻입니다.

비슷한 속담 : 먹는 개도 안 때린다.

방귀 뀐 놈이 성낸다

자기가 방귀를 뀌고서 오히려 남 보고 성을 낸다는 말로, 자기가 잘못하고서 오히려 남에게 성낸다는 뜻이에요.

비슷한 속담 : 똥 싸고 성낸다.

벼룩도 낯짝이 있다

작은 벼룩조차도 낯짝이 있는데 하물며 사람이 체면이 없어서야 되겠느냐는 말. 몹시 뻔뻔스러운 사람을 두고 이르는 말이에요.

비슷한 속담 : 족제비도 낯짝이 있다.

빈 수레가 요란하다

빈 수레가 덜컹덜컹 소리가 요란하듯, 사람도 속에 든 것이 없어 잘 알지 못하는 사람이 아는 체하고 더 떠들어 댄다는 말이에요.

비슷한 속담 : 속이 빈 깡통이 소리만 요란하다.

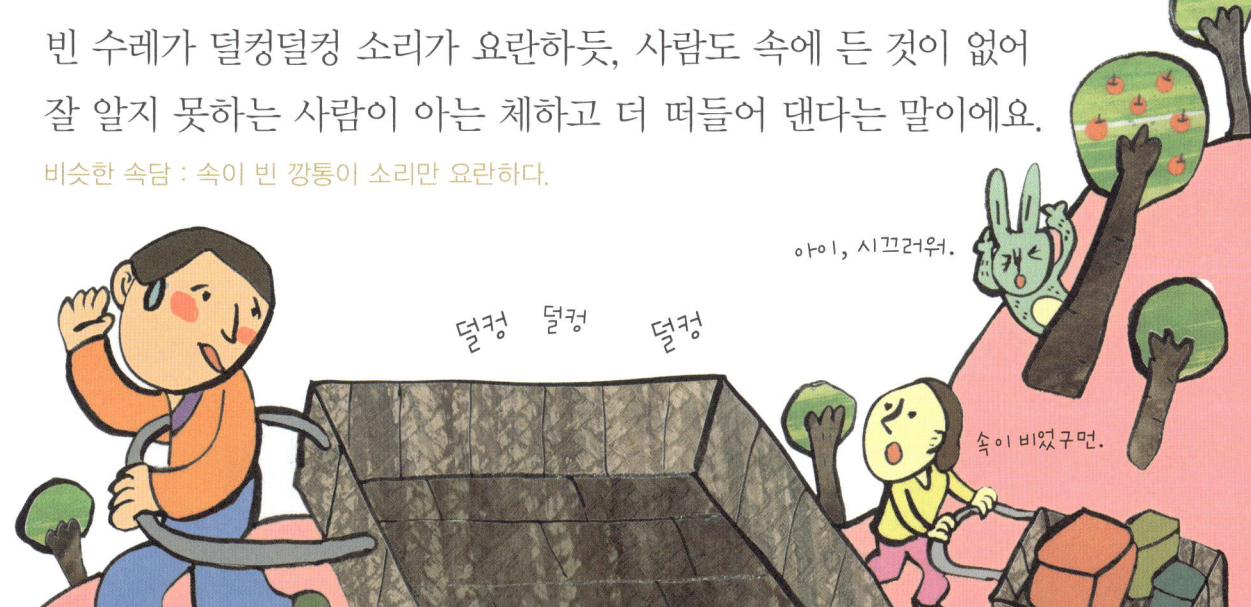

사나운 개 콧등 아물 틈이 없다

성질이 사나운 사람은 늘 싸움만 하여 상처가 미처 나을 사이가 없다는 말이에요.

비슷한 속담 : 사나운 개 입 성할 날 없다.

앉은 자리에 풀도 안 나겠다

사람이 몹시 쌀쌀맞고 냉정하다는 말이에요.

약방에 감초

한약에는 감초가 들어가는 경우가 많아 한약방에 감초가 반드시 있다는 데서, 어떤 일에나 빠짐없이 끼는 사람이나 물건을 이르는 말입니다.

비슷한 속담 : 탕약에 감초 빠질까.

얌전한 고양이 부뚜막에 먼저 올라간다

겉으로는 얌전하고 아무것도 못할 것처럼 보이는 사람이 딴짓을 하거나 자기 실속은 다 차린다는 말이에요.

비슷한 속담 : 얌전한 개가 부뚜막에 먼저 올라간다.

양반은 물에 빠져도 개헤엄을 안 친다

양반은 물에 빠져도 체면에 어울리지 않는 개헤엄을 치지 않는 다는 말로, 아무리 궁하고 다급하더라도 체면을 유지하려고 노력한다는 뜻.

비슷한 속담 : 양반은 얼어 죽어도 겻불은 안 쬔다.

어물전 망신은 꼴뚜기가 시킨다

못난 사람일수록 그와 같이 있는 동료를 망신시킨다는 말이에요.

비슷한 속담 : 과물전 망신은 모과가 시킨다.

열 길 물 속은 알아도 한 길 사람 속은 모른다

사람의 속마음을 알기란 매우 어렵다는 말이에요.

비슷한 속담 : 사람 속은 천 길 물 속이라.

열 번 찍어 아니 넘어가는 나무 없다

아무리 뜻이 굳은 사람일지라도 여러 번 권하거나 꾀고 달래면 결국 마음이 변한다는 말. 꾸준히 노력하면 결국 뜻을 이룬다는 뜻으로 많이 쓰여요.

우물 안 개구리

우물 안에서 사는 개구리는 우물 안이 세상의 전부인줄 알지요. 넓은 세상의 형편을 알지 못하는 사람을 가리키는 말이에요. 또한 소견이 좁아서 자기만 잘난 줄 아는 사람을 비꼬는 말이기도 해요.

비슷한 속담 : 우물 안 고기.

세상에서 내가 젤 멋져.

원숭이도 나무에서 떨어진다

아무리 능숙하고 잘하는 사람이라도 이따금 실수할 때가 있다는 말이에요.

비슷한 속담 : 닭도 홰에서 떨어지는 날이 있다.

익은 밥 먹고 선소리 한다

사리에 맞지 않은 말을 하는 사람을 핀잔주는 말이에요.

입은 거지는 얻어먹어도
벗은 거지는 못 얻어먹는다

사람이 차림이 깨끗해야 남에게 대우를 받을 수 있다는 말이에요.

작은 고추가 더 맵다

몸집이 작은 사람이 큰 사람보다 오히려 단단하고 재주가 뛰어나다는 말이에요.

비슷한 속담 : 고추는 작아도 맵다.
　　　　　　고추보다 후추가 더 맵다.

지렁이도 밟으면 꿈틀한다

아무리 보잘것없는 사람이나 순하고 좋은 사람이라도 너무 업신여기면 가만있지 않는다는 말이에요.

비슷한 속담 : 굼벵이도 밟으면 꿈틀한다.

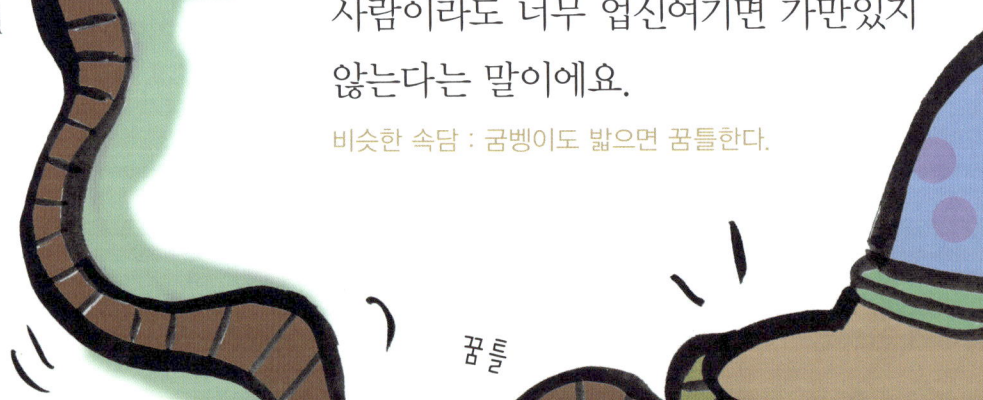

털어서 먼지 안 나는 사람 없다

아무리 깨끗한 사람이라도 먼지가 하나도 없는 사람은 없겠지요. 허물이 없는 사람은 한 사람도 없다는 말이에요.

호랑이는 죽어서 가죽을 남기고 사람은 죽어서 이름을 남긴다

사람은 살아있는 동안 훌륭한 일을 하여 후세에 명예로운 이름을 남겨야 한다는 뜻이에요.

반대되는 속담

감나무 밑에서 홍시 떨어지기를 기다린다
아무런 노력도 하지 않으면서 좋은 결과가 이루어지기만 바란다는 뜻.

산에 가야 범을 잡는다
무슨 일을 이루려면 실제로 그 일에 발벗고 나서 힘을 들여야 한다는 뜻.

값싼 것이 비지떡
값이 싼 물건 치고 품질이 좋은 것이 없다는 뜻.

값싼 갈치자반 맛만 좋다
값이 싸면서도 물건이 쓸만하다는 뜻.

공든 탑이 무너지랴
힘과 정성을 다하여 한 일은 그 결과가 반드시 헛되지 않다는 뜻.

십년 공부 나무아미타불
오랫동안 공들여 해 온 일이 허사가 됨을 이르는 말.

꿀 먹은 벙어리
속에 있는 말을 하지 못하는 사람을 두고 하는 말.

말은 해야 맛이고 고기는 씹어야 맛이다
마땅히 할 말은 해야한다는 뜻.

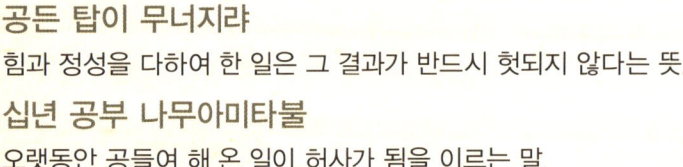

되는 집은 가지나무에 수박 열린다
잘되어 가는 집은 하는 일마다 좋은 결과를 맺는다는 뜻.

자빠져도 코가 깨진다
일이 안되려면 하는 일마다 잘 안 풀리고 뜻밖의 불행도 생긴다는 뜻.

명필은 붓을 가리지 않는다
실력을 제대로 갖춘 사람은 어떤 핑계도 대지 않고 묵묵히 자신의 일을 잘 한다는 뜻.

서투른 무당이 장구만 나무란다
능력이 모자라는 사람이 애매한 도구나 조건만 가지고 나쁘다고 탓한다는 뜻.

보기 좋은 떡이 먹기도 좋다
겉 모양이 좋으면 내용도 좋다는 뜻.

빛 좋은 개살구
겉만 그럴듯 하고 내용물은 실속이 없다는 뜻.

빈 수레가 요란하다
실속 없는 사람이 겉으로 더 떠들어 댐을 이르는 말.

벼 이삭은 익을수록 고개를 숙인다
많이 배우거나 능력이 있는 사람일수록 겸손하다는 뜻.

서울 가서 김 서방 찾기
주소도 이름도 모르고 무턱대고 막연하게 사람을 찾아간다는 뜻.

서울 가서 김 서방 집도 찾아간다
어디에 있는지를 잘 모르는 사람도 물어서 찾아갈 수 있다는 뜻.

쇠뿔도 단김에 빼랬다
어떤 일을 하려고 마음 먹었으면 망설이지 말고 곧 행동으로 옮기라는 뜻.

아는 길도 물어서 가랬다
쉬운 일이라도 물어가며 신중하게 하라는 뜻.

콩으로 메주를 쑨다하여도 곧이듣지 않는다
아무리 사실대로 말해도 믿지 않는다는 뜻.

팥으로 메주를 쑨대도 곧이듣는다
남의 말을 지나치게 믿는다는 뜻.

말과 행동에 관한 속담 6

가는 말이 고와야 오는 말이 곱다 | 가랑잎이 솔잎더러 바스락거린다고 한다 | 가루는 칠수록 고와지고 말은 할수록 거칠어 진다 | 걷기도 전에 뛰려고 한다 | 관 속에 들어가도 막말은 말라 | 군말이 많으면 쓸 말이 적다 | 급하면 바늘 허리에 실 매어 쓸까 | 길이 아니거든 가지 말고 말이 아니거든 듣지 말라 | 꿩 잡는 것이 매다 | 낮말은 새가 듣고 밤말은 쥐가 듣는다 | 닭 잡아 먹고 오리발 내놓기 | 떡 줄 사람은 꿈도 안 꾸는데 김칫국부터 마신다 | 말 한마디에 천 냥 빚도 갚는다 | 뱁새가 황새를 따라가면 다리가 찢어진다 | 번갯불에 콩 볶아 먹겠다 | 불난 집에 부채질 한다 | 사또 덕에 나팔 분다 | 소 닭 보듯 닭 소 보듯 | 쇠뿔도 단김에 빼랬다 | 시작이 반이다 | 살은 쏘고 주워도 말은 하고 못 줍는다 | 우는 아이 젖 준다 | 우물에 가 숭늉 찾는다 | 울며 겨자 먹기 | 웃느라 한 말에 초상 난다 | 웃는 낯에 침 뱉으랴 | 윗물이 맑아야 아랫물도 맑다 | 입은 비뚤어져도 말은 바로 하랬다 | 잘되면 제 탓 못되면 조상 탓 | 참새가 방앗간을 그저 지나랴 | 하룻강아지 범 무서운줄 모른다 | 호랑이도 제 말하면 온다

가는 말이 고와야 오는 말이 곱다

내가 남에게 말이나 행동을 좋게 해야 남도 나에게 좋게 한다는 말.

비슷한 속담 : 오는 말이 고와야 가는 말이 곱다. 가는 정이 있어야 오는 정이 있다.

가랑잎이 솔잎더러 바스락거린다고 한다

더 바스락거리는 가랑잎이 솔잎더러 바스락거린다고 나무란다는 말로, 제 허물이 더 많은데 남의 허물만 나무란다는 뜻이에요.

비슷한 속담 : 겨울바람이 봄바람보고 춥다 한다.

가루는 칠수록 고와지고 말은 할수록 거칠어 진다

가루는 체에 칠수록 고와지지만 말은 길어질수록 거칠어지고 마침내는 말다툼까지 가게 된다는 말로, 말이 많음을 경계하라는 뜻이에요.

걷기도 전에 뛰려고 한다

쉽고 작은 일도 못하면서 더 어렵고 큰일을 하려고 나선다는 말이에요.

비슷한 속담 : 기기도 전에 날기부터 하려 한다. 기지도 못하면서 뛰려 한다.

관 속에 들어가도 막말은 말라

어떠한 경우에라도 말을 함부로 해서는 안 된다는 말이에요.

군말이 많으면 쓸 말이 적다

하지 않아도 될 말을 이것저것 많이 늘어 놓으면 그만큼 쓸 말이 적어진다는 말로, 되도록 말을 삼가라는 뜻이에요.

비슷한 속담 : 말이 많으면 실언이 많다.

급하면 바늘 허리에 실 매어 쓸까

모든 일에는 순서가 있고 때가 있는 것이므로 아무리 급해도 순서에 따라 해야 한다는 말이에요.

비슷한 속담 : 급하다고 갓 쓰고 똥 싸랴. 급하면 콩마당에서 간수 치랴.

길이 아니거든 가지 말고
말이 아니거든 듣지 말라

말과 행동을 소홀하게 하지 말고 사리에 어긋나는 일은 아예 처음부터 하지 말라는 뜻이에요.

꿩 잡는 것이 매다

꿩을 잡아야 매라고 할 수 있다는 말로, 방법이 어떻든 간에 목적을 이루는 것이 가장 중요하다는 뜻. 또한 실제로 제 구실을 다 하는 것이 제일이라는 뜻으로도 쓰여요.

낮말은 새가 듣고 밤말은 쥐가 듣는다

남이 듣지 않는다고 해서 말을 함부로 하지 말고 항상 말조심을 해야 한다는 뜻. 비밀스럽게 한 말이라도 반드시 남의 귀에 들어간다는 뜻이기도 해요.

비슷한 속담 : 발 없는 말이 천 리 간다.

닭 잡아 먹고 오리발 내놓기

닭을 잡아먹고 오리발을 내밀며 닭이 아니고 오리라고 둘러댄다는 말. 옳지 못한 일을 저질러 놓고 엉뚱한 수작으로 속여 넘기려 한다는 뜻이에요.

떡 줄 사람은 꿈도 안 꾸는데 김칫국부터 마신다

떡을 가진 사람은 줄 마음도 없는데 떡을 먹을 때 같이 먹는 김칫국부터 마신다는 말. 해 줄 사람은 생각지도 않는데 자기가 넘겨짚어 다 된 줄로 알고 멋대로 행동한다는 뜻이에요.

비슷한 속담 : 앞집 떡 치는 소리 듣고 김칫국부터 마신다.
떡방아 소리 듣고 김칫국 찾는다.

말 한마디에 천 냥 빚도 갚는다

말을 잘하면 천 냥이나 되는 큰 빚을 말로 갚을 수 있다는 말로, 말만 잘하면 어려운 일도 해결할 수 있다는 뜻이에요.

비슷한 속담 : 천 냥 빚도 말로 갚는다.

뱁새가 황새를 따라가면 다리가 찢어진다

자신의 분수에 맞지 않는 힘겨운 짓을 하면 도리어 해만 입는다는 말이에요.

비슷한 속담 : 촉새가 황새를 따라가다 가랑이 찢어진다.

번갯불에 콩 볶아 먹겠다

번쩍하는 번갯불에 콩을 볶아 먹을 만큼 행동이 무척 빠르다는 말이에요. 또 성질이 조급하여 무엇이든지 당장 해치우려 하는 행동을 이르는 말이기도 합니다.

비슷한 속담 : 번갯불에 담배 붙이겠다. 번갯불에 회 쳐 먹겠다.

불난 집에 부채질 한다

불 난 곳에 부채질을 하면 더 잘 타겠죠? 곤란한 사람을 도와주기는 커녕 더 곤란하게 만들거나 화난 사람을 더 화나게 만든다는 말이에요.

비슷한 속담 : 불난 데 풀무질한다.

아이고 잘 탄다.

사또 덕에 나팔 분다

사또와 함께 간 덕분에 나팔 불고 요란히 맞아 주는 호화로운 대접을 받는다는 말로, 남의 덕으로 당치도 아니한 행세를 하게 되거나 그런 대접을 받게 되었다는 뜻이에요.

비슷한 속담 : 원님 덕에 나팔 분다.

소 닭 보듯 닭 소 보듯

아무 관심이 없이 서로 무심하게 보는 모양을 이르는 말이에요.

비슷한 속담 : 개 닭 보듯.

쇠뿔도 단김에 빼랬다

소의 뿔은 달아올랐을 때 빼야 한다는 말.
어떤 일이든지 하려고 마음먹었으면
망설이지 말고 곧 행동으로 옮기라는
뜻이에요.

시작이 반이다

무슨 일이든지 시작하기가 어렵지 일단 시작하면 반 이상 한 것이나
다름없으므로 끝마치기는
그리 어렵지 않다는 말이에요.

살은 쏘고 주워도 말은 하고 못 줍는다

화살은 쏘고 다시 주워올 수 있지만 말은 한번 하면 다시 주워담을 수 없으니 말을 조심해서 하라는 뜻이에요.

우는 아이 젖 준다

무슨 일이든 자기가 요구하여야 쉽게 얻을 수 있다는 말이에요.

비슷한 속담 : 울지 않는 아이 젖주랴.

우물에 가 숭늉 찾는다

일의 순서도 모르고 성급하게 덤빈다는 말이에요.

비슷한 속담 : 콩밭에서 두부 찾는다.

울며 겨자 먹기

매워 울면서도 겨자를 먹는다는 뜻으로, 싫은 일을 좋은 체하고 마지못하여 할 때 쓰는 말이에요.

비슷한 속담 : 눈물 흘리면서 겨자 먹기.

웃느라 한 말에 초상 난다

우스갯소리로 한 말이 듣는 사람에게 큰 상처를 주어 마침내 죽게 한다는 말로, 말을 매우 조심스럽게 해야 한다는 뜻이에요.

웃는 낯에 침 뱉으랴

웃는 낯으로 대하는 사람에게 침을 뱉을 수 없다는 말. 좋게 대하는 사람에게는 화를 내거나 나쁘게 대할 수 없다는 뜻이에요.

윗물이 맑아야 아랫물도 맑다

윗사람이 바르고 정직해야 아랫사람도
따라서 바르고 정직하게 된다는 말이에요.
비슷한 속담 : 맑은 샘에서 맑은 물이 난다.

입은 비뚤어져도 말은 바로 하랬다

어떠한 상황에서도 말은 언제나 바르게 해야
한다는 말이에요.
비슷한 속담 : 입은 비뚤어 져도 주라는 바로 불어라.
주라 : 붉은 칠을 한 소라 껍데기로 만든 민속 악기.

잘되면 제 탓 못되면 조상 탓

일이 잘되면 자신이 잘해서 되었다고 하고, 잘 못되면 남이 잘못해서 그렇다고 원망 한다는 말. 일이 잘못되면 그 책임을 남에게 돌리는 태도를 뜻해요.

참새가 방앗간을 그저 지나랴

욕심이 많은 사람이 이익을 보고 가만있지 못한다는 말. 또한 자기가 좋아하는 곳을 그대로 지나치지 못한다는 말이기도 해요.

하룻강아지 범 무서운 줄 모른다

태어난 지 얼마 안 된 어린 강아지는 호랑이가 얼마나 무서운지 모르지요. 철없이 함부로 덤비는 것을 가리키는 말이에요.

비슷한 속담 : 범 모르는 하룻강아지.

호랑이도 제 말 하면 온다

산 속의 호랑이도 자기 이야기를 하면 찾아온다는 말로, 그 자리에 없다고 남을 흉보아서는 안 된다는 뜻. 다른 사람에 관한 이야기를 하는데 공교롭게 그 사람이 나타나는 경우를 이르는 말이기도 해요.

비슷한 속담 : 까마귀 제 소리 하면 온다.

속담으로 배우는 고사성어

꿩 먹고 알 먹는다
한 가지 일을 하여 두 가지 이상의 이익을 보게 된다는 뜻.

일석이조(一石二鳥)
돌 하나로 두 마리의 새를 잡는다는 뜻. 한 가지 일로 두 가지 이익을 얻는다는 말이에요.

명필은 붓을 기리지 않는다
실력을 제대로 갖춘 사람은 어떤 핑계도 대지 않고 묵묵히 자신의 일을 잘 한다는 뜻.

투필성자(投筆成字)
글씨를 잘 쓰는 사람은 붓을 아무렇게나 던져도 글씨를 잘 쓴다.

굼벵이도 구르는 재주가 있다
사람은 누구나 한 가지 재주가 있다는 뜻.

각유소장(各有所長)
사람마다 장점을 가지고 있다.

우물에 가 숭늉 찾는다
일의 순서도 모르고 성급하게 덤빈다는 뜻.

견란구계(見卵求鷄)
달걀을 보고 닭이 되어 울기를 바란다는 뜻. 지나치게 성급하다는 말이에요.

쇠귀에 경 읽기
아무리 가르치고 일러 주어도 알아듣지 못하거나 효과가 없다는 뜻.

우이독경(牛耳讀經)
쇠귀에 경 읽기라는 뜻으로 아무리 가르치고 일러 주어도 알아듣지 못한다는 말.

팔순 노인도 세 살 먹은 아이한테 배울게 있다
어린아이가 하는 말이라도 일리가 있을 수 있으므로 귀담아 들으라는 뜻.

불치하문(不恥下問)
자기보다 못한 사람에게 묻는 것을 부끄럽게 여기지 않는다.

콩 심은 데 콩 나고 팥 심은 데 팥 난다
모든 일은 근본에 따라 거기에 걸맞는 결과가 나타난다는 뜻.

인과응보(因果應報)
과거의 행한 착한 일, 못된 일로 인해서 지금의 행복과 불행이 있다는 뜻.

천 리 길도 한 걸음부터
무엇이든지 그 일의 시작이 중요하다는 뜻.

등고자비(登高自卑)
높은 곳을 오르려면 낮은 곳부터 오른다는 말로, 무슨 일이든 차례를 밟아야한다는 뜻.

불 난 집에 부채질 한다
남의 불행을 점점 더 불행하게 만들거나 성난 사람을 더욱 성나게 한다는 뜻.

낙정하석(落穽下石)
함정에 빠진 사람에게 돌을 떨어뜨린다는 뜻. 곤경에 빠진 사람을 더 어렵게 한다는 말.

사공이 많으면 배가 산으로 올라간다
여러 사람이 자기 주장만 내세우면 일이 제대로 되기 어렵다는 뜻.

도모시용(道謀是用)
집을 짓는 데 길 가는 사람에게 의견을 물으면 모두 달라 집을 지을 수 없다.

낫 놓고 기역자도 모른다
기역 자 모양으로 생긴 낫을 보면서도 기역 자를 모른다는 말로, 무식하다는 뜻.

목불식정(目不識丁)
아주 간단한 글자인 丁(고무래 정)을 보고도 그것이 고무래인 줄을 알지 못한다는 뜻. 아주 까막눈이라는 말이에요.

동물이 나오는 속담

7

가는 말에 채찍질한다 | 개구리 올챙이 적 생각 못 한다 | 개구리도 움쳐야 뛴다 | 개발에 편자 | 고래 싸움에 새우 등 터진다 | 고양이 쥐 생각해 준다 | 구렁이 담 넘어가듯 한다 | 굼벵이도 구르는 재주가 있다 | 까마귀 날자 배 떨어진다 | 꽁지 빠진 새 같다 | 꿩 대신 닭 | 다람쥐 쳇바퀴 돌듯 한다 | 닭 쫓던 개 지붕 쳐다본다 | 독 안에 든 쥐 | 드문드문 걸어도 황소걸음 | 뛰어야 벼룩 | 마파람에 게 눈 감추듯 | 메뚜기도 유월이 한철이다 | 물고기는 물을 떠나 살 수 없다 | 벼룩의 간을 내어 먹는다 | 산에 가야 범을 잡는다 | 소도 언덕이 있어야 비빈다 | 쇠귀에 경 읽기 | 송충이는 솔잎을 먹어야 한다 | 숭어가 뛰니까 망둥이도 뛴다 | 약빠른 고양이 밤눈 어둡다 | 용의 꼬리보다 뱀의 머리가 낫다 | 자라 보고 놀란 가슴 솥뚜껑 보고 놀란다 | 제비는 작아도 강남 간다 | 참새가 죽어도 짹 한다 | 호랑이 없는 골에 토끼가 왕 노릇 한다 | 황소 뒷걸음치다가 쥐 잡는다

가는 말에 채찍질한다

열심히 하는 일을 더 빨리 하라고 부추긴다는 말. 또는 형편이 한창 좋을 때라도 더욱 잘 되게 힘써야 한다는 말이에요.

비슷한 속담 : 가는 말에도 채찍을 치랬다.

개구리 올챙이 적 생각 못 한다

형편이 전보다 나아졌다고 하여 지난날의 어려웠던 때를 생각하지 않고 처음부터 잘난 듯이 뽐낸다는 말이에요.

비슷한 속담 : 거지가 밥술이나 먹게 되면 거지 밥 한 술 안 준다.

개구리도 움쳐야 뛴다

어떤 일을 할 때 아무리 급하더라도 일을 이루려면 그 일을 위하여 준비할 시간이 있어야 한다는 말이에요.

비슷한 속담 : 개구리가 움츠리는 뜻은 멀리 뛰자는 뜻이다.

개발에 편자

개발에 편자가 어울리지 않듯, 차림이나 지닌 물건 따위가 제격에 맞지 않는다는 말이에요.

편자 : 말발굽에 대어 붙이는 쇳 조각.
비슷한 속담 : 개 대가리에 옥관자.

고래 싸움에 새우 등 터진다

몸집이 큰 고래가 싸우면 그 사이에 낀 작은 새우는 아무 상관이 없는데도 등이 터진다는 말. 힘센 사람끼리 싸우는 통에 아무 상관없는 약한 사람이 피해를 입게 된다는 뜻이에요.

비슷한 속담 : 두꺼비 싸움에 파리 치인다.

고양이 쥐 생각해 준다

속으로는 해칠 마음을 품고 있으면서 겉으로는 생각해 주는 척한다는 말이에요.

비슷한 속담 : 고양이 쥐 사정 보듯.

구렁이 담 넘어가듯

구렁이는 소리를 내지 않고 슬그머니 기어다녀요. 일을 처리하는 데 태도를 분명하게 하지 않고 슬그머니 얼버무린다는 말이에요.

비슷한 속담 : 메기 등에 뱀장어 넘어가듯.

굼벵이도 구르는 재주가 있다

능력이 모자라는 사람이 남의 관심을 끌 만한 행동을 함을 놀림조로 이르는 말. 무능한 사람도 한 가지 재주는 있다는 말로도 쓰여요.

비슷한 속담 : 우렁이도 두렁 넘을 꾀가 있다.

까마귀 날자 배 떨어진다

아무 상관도 없는 일이 공교롭게도
동시에 일어나 어떤 관계가 있는
것처럼 의심을 받게 된다는 말이에요.

꽁지 빠진 새 같다

꽁지가 빠진 새의 모습은 참으로 볼품이 없지요.
꼴이 초라해 보인다는 말이에요.

꿩 대신 닭

꿩이 필요한데 없어서 닭으로 대신한다는 말로, 꼭 적당한 물건이 없을 때 그보다는 못하지만 그와 비슷한 것으로 대신한다는 뜻이에요.

비슷한 속담 : 봉 아니면 꿩이다.

다람쥐 쳇바퀴 돌듯 한다

발전하지 못하고 똑같은 일만 되풀이해서 한다는 말이에요.

닭 쫓던 개 지붕 쳐다본다

닭을 쫓던 개가 닭이 지붕으로 올라가자 쫓아 올라가지 못하고 지붕만 쳐다본다는 말. 애쓰던 일이 실패로 돌아가거나 남보다 뒤떨어져 어찌할 도리가 없다는 뜻이에요.

독 안에 든 쥐

아무리 애를 써도 궁지에서 벗어날 수 없는 처지에 놓였다는 말이에요.

비슷한 속담 : 그물에 든 고기

드문드문 걸어도 황소걸음

황소걸음 처럼 느리더라도 그것이 오히려 믿음직스럽고 알차다는 말이에요. 비슷한 속담 : 느릿느릿 걸어도 황소걸음.

뛰어야 벼룩

벼룩은 아주 작기 때문에 뛰어 봤자 멀리 가지 못해요. 도망쳐 보아야 크게 벗어날 수 없다는 말이에요.

비슷한 속담 : 뛰어 보았자 부처님 손바닥.

마파람에 게 눈 감추듯

마파람은 대개 비를 몰고 오기 마련이어서 게가 겁을 먹고 급히 눈을 감아요. 음식을 매우 빨리 먹어 버린다는 말이에요.

마파람 : 남쪽에서 불어오는 바람.
비슷한 속담 : 두꺼비 파리 잡아먹듯. 사냥개 언 똥 삼키듯.

메뚜기도 유월이 한철이다

6월이 되면 들판에 메뚜기들이 한창이지요. 이 속담은 제 세상을 만난 듯이 한창 날뛴다거나 한창때는 짧다는 뜻이에요.

비슷한 속담 : 뻐꾸기도 유월이 한철이라.

물고기는 물을 떠나 살 수 없다

활동하는 데에 자신에게 걸맞는 터전이 있다는 말이에요.

벼룩의 간을 내어 먹는다

하는 짓이 몹시 잘고 인색하거나, 매우 어려운 처지에 있는 사람의 조그만 이익까지 얻어내려 한다는 말이에요.

비슷한 속담 : 참새 앞정강이를 긁어먹는다.
　　　　　　모기 다리에서 피 빤다

산에 가야 범을 잡는다

어떤 일을 이루려면 가만히 앉아있지 말고 직접 발벗고 나서서 힘을 들여야 성공할 수 있다는 말이에요.

비슷한 속담 : 호랑이 굴에 가야 호랑이 새끼를 잡는다.

소도 언덕이 있어야 비빈다

언덕이 있어야 소도 가려운 곳을 비빌 수 있다는 말로, 의지할 곳이 있어야 무슨 일이든지 이룰수 있다는 뜻이에요.

비슷한 속담 : 도깨비도 수풀이 있어야 모인다.

쇠귀에 경 읽기

소한테 경을 읽어 줘 보았자 한 마디도 알아듣지 못하지요. 아무리 가르치고 일러주어도 알아듣지 못하거나 효과가 없다는 말이에요.

경 : 부처의 가르침을 적은 책. 비슷한 속담 : 말 귀에 염불.

송충이는 솔잎을 먹어야 한다

송충이는 솔잎만 먹고 살지 다른 잎은 먹지 못해요. 자기 형편에 맞게 살아야 한다는 말입니다.

비슷한 속담 : 송충이가 갈잎을 먹으면 죽는다.

숭어가 뛰니까 망둥이도 뛴다

망둥이는 숭어만큼 높이 뛰어오르지 못해요. 이 속담은 남이 한다고 하니까 덩달아 나서거나 자기 분수를 모르고 잘난 사람을 덮어놓고 따라한다는 말이에요.

비슷한 속담 : 망둥이가 뛰면 꼴뚜기도 뛴다.

약빠른 고양이 밤눈 어둡다

꾀가 있고 눈치가 빨라 실수가 없을 것 같은 사람도 부족한 점은 있다는 말입니다.

비슷한 속담 : 약은 쥐가 밤눈 어둡다.

용의 꼬리보다 뱀의 머리가 낫다

크고 훌륭한 사람의 뒤를 쫓아다니는 것보다는 작고 보잘것없는 데서 남의 우두머리가 낫다는 말이에요.

비슷한 속담 : 닭의 볏은 될지언정 소의 꼬리는 되지 마라

자라 보고 놀란 가슴 솥뚜껑 보고 놀란다

자라는 등이 솥뚜껑처럼 생겼어요. 어떤 것에 크게 한번 놀라면 그와 비슷한 것만 봐도 겁을 낸다는 말이에요.

비슷한 속담 : 더위 먹은 소 달만 보아도 헐떡인다.

제비는 작아도 강남 간다

강남은 남쪽의 먼 나라를 가리키는 말이에요. 작은 제비가 먼 강남까지 날아가듯이, 몸집은 비록 작아도 제 할 일은 다 한다는 뜻이에요.

비슷한 속담 : 거미는 작아도 줄만 잘 친다. 참새가 작아도 알만 잘 깐다.

참새가 죽어도 짹 한다

아무리 약한 것이라도 너무 괴롭히면 대항한다는 말입니다.

호랑이 없는 골에 토끼가 왕노릇 한다

힘세고 뛰어난 사람이 없는 곳에서 보잘것없는 사람이 권력을 가진다는 말이에요.

비슷한 속담 : 사자 없는 산에 토끼가 왕노릇 한다.

내가 없으니 저 녀석이….

황소 뒷걸음치다가 쥐 잡는다

어쩌다 우연히 일이 이루어지거나 알아맞힌다는 말이에요.

비슷한 속담 : 소 발에 쥐 잡기.

일상 생활에서 자주 쓰이는 속담

가는 날이 장날이라
어떤 일을 하려고 하다가 뜻하지 않게 공교로운 일을 당했을 때 하는 말.

갈수록 태산
무슨 일을 해 나감에 있어 갈수록 더욱 어려운 일이 닥쳐온다는 뜻.

같은 값이면 다홍치마
이왕 같은 값이면 자기에게 이득이 많은 것을 고른다는 뜻.

개똥도 약에 쓰려면 없다
아무리 보잘것없고 흔한 것도 정작 쓰려고 찾으면 구하기 어렵다는 뜻.

고래 싸움에 새우 등 터진다
강한 자들끼리의 싸움에 아무 상관도 없는 약한 자가 피해를 입게 된다는 뜻.

금강산도 식후경이라
아무리 재미있는 일이라도 배가 불러야 흥이 나지 배가 고파서는 흥겨울 것이 없다는 뜻.

꿩 대신 닭
꼭 적당한 것이 없을 때 그와 비슷한 것으로 대신한다는 뜻.

낮말은 새가 듣고 밤말은 쥐가 듣는다
남이 듣지 않는다고 해서 말을 함부로 하지 말고 항상 말조심을 해야 한다는 뜻.

누워서 침 뱉기
남을 해치려 하다가 도리어 자기가 해를 입게 된다는 뜻.

등잔 밑이 어둡다
너무 가까이 있는 일은, 먼 데 있는 일보다 오히려 모른다는 뜻.

믿는 도끼에 발등 찍힌다
잘되리라고 믿었던 일이 어긋나거나 믿었던 사람에게 배반당하여 뜻밖의 해를 입는다는 뜻.

배보다 배꼽이 더 크다
기본이 되는 것보다 덧붙이는 것이 오히려 많거나 크다는 뜻.

사공이 많으면 배가 산으로 올라간다
여러 사람이 자기 주장만 내세우면 일이 제대로 되기 어렵다는 뜻.

서당개 삼 년이면 풍월을 읊는다
어떤 분야에 대해 무식한 사람이라도 그 분야에 오래
있으면 어느 정도 지식을 가질수 있다는 뜻.

소문난 잔치에 먹을 것 없다
떠들썩한 소문이나 큰 기대에 비해 실속이 없거나 소문이 사실과 다르다는 뜻.

시작이 반이다
무슨 일이든 시작이 어렵지 일단 시작하면 끝마치기는 그리 어렵지 않다는 뜻.

값싼 것이 비지떡
값이 싼 물건은 품질도 그만큼 나쁘기 마련이라는 뜻.

달면 삼키고 쓰면 뱉는다
옳고 그름이나 믿음과 의리를 돌보지 않고 자기의 이익만 꾀한다는 뜻.

열 번 찍어 아니 넘어갈 나무 없다
꾸준히 노력하면 결국 뜻을 이룬다는 뜻.

원수는 외나무다리에서 만난다
남에게 악한 일을 하면 반드시 그 죄의 대가를 받을 때가 온다는 뜻.

원숭이도 나무에서 떨어진다
아무리 익숙하고 잘하는 사람이라도 간혹 실수 할 때가 있다는 뜻.

지렁이도 밟으면 꿈틀한다
아무리 보잘것없고 순한 사람이라도 너무 업신여기면 반항 한다는 뜻.

찬물도 위아래가 있다
무엇에나 순서가 있으니 그 차례에 따라 하여야 한다는 뜻.

참새가 방앗간을 그냥 지나치랴
㉠욕심 많은 사람이 자기에게 이익이 있는 일을 보고 지나쳐 버리지 못한다는 뜻.
㉡자기가 좋아하는 것을 그대로 보고만 지나치지 못한다는 뜻.

콩으로 메주를 쑨다해도 곧이 안 듣는다
아무리 사실대로 말해도 믿지 않는다는 뜻.

핑계 없는 무덤 없다
무슨 일에라도 반드시 핑계가 있다는 뜻.

호랑이도 제 말 하면 온다
㉠그 자리에 없다고 하여 남을 함부로 흉보아서는 안된다는 뜻.
㉡다른 사람에 관한 이야기를 하는데 마침 그 사람이 나타났음을 이르는 말.

식물과 자연 현상에 관한 속담

8

가랑비에 옷 젖는 줄 모른다 | 가물에 콩 나듯 | 감나무 밑에 누워서 홍시 떨어지기를 기다린다 |
개똥참외도 가꾸기 나름이다 | 개살구도 맛 들일 탓 | 개밥에 도토리 |
과일 망신은 모과가 시킨다 | 구르는 돌에는 이끼가 끼지 않는다 | 낙숫물이 댓돌 뚫는다 |
눈에 콩깍지가 씌었다 | 단풍도 떨어질 때 떨어진다 | 달도 차면 기운다 | 도토리 키 재기 |
될성부른 나무는 떡잎부터 다르다 | 마른하늘에 날벼락 맞는다 | 못 먹는 감 찔러나 본다 |
물이 너무 맑으면 고기가 아니 모인다 | 물이 깊을수록 소리가 없다 |
바늘구멍으로 황소 바람 들어온다 | 바람 앞의 등불 | 번개가 잦으면 천둥을 친다 |
벼 이삭은 익을수록 고개를 숙인다 | 비 온 뒤에 땅이 굳어진다 | 빛 좋은 개살구 |
뿌리 깊은 나무 가뭄 안 탄다 | 산 넘어 산이다 | 수박 겉 핥기 | 십년이면 강산도 변한다 |
씨를 뿌리면 거두기 마련이다 | 오이 밭에서는 신을 고쳐 신지 않는다 | 장마 때 홍수 밀려오듯 |
콩 심은 데 콩나고 팥 심은 데 팥 난다 | 하늘 높은 줄만 알고 땅 넓은 줄은 모른다 |
콩으로 메주를 쑨다 해도 곧이듣지 않는다 | 하늘의 별 따기 | 호박이 넝쿨째 굴러떨어졌다

가랑비에 옷 젖는 줄 모른다

가늘게 내리는 가랑비는 조금씩 젖어들기 때문에 옷이 젖는 줄을 금방 깨닫지 못한다는 말. 아무리 사소한 것이라도 자꾸 거듭되면 무시하지 못할 것이 된다는 뜻이에요.

가물에 콩 나듯

가뭄에는 심은 콩이 제대로 싹이 트지 못하여 드문드문 난다는 말로, 어떤 일이나 물건이 어쩌다 하나씩 드문드문 있다는 뜻.

감나무 밑에 누워서 홍시 떨어지기를 기다린다

아무 노력도 하지 않으면서 좋은 결과만 이루어지기를 바란다는 말이에요.

비슷한 속담 : 손 안 대고 코 풀기.

개똥참외도 가꾸기 나름이다

평범한 사람도 잘 가르치면 훌륭한 사람이 될 수 있다는 말입니다.

개똥참외 : 길가나 들에 저절로 자라서 열린 참외. 보통 참외보다 작고 맛이 덜하다.

개살구도 맛 들일 탓

시고 떫은 개살구도 자꾸 먹어 버릇하여 맛을 들이면 그 맛을 좋아하게 된다는 말로, 정을 붙이면 처음에 나빠 보이던 것도 점점 좋아진다는 뜻.

비슷한 속담 : 신 배도 맛들일 탓.

개밥에 도토리

개는 도토리를 먹지 않아서 밥 속의 도토리는 따로 남듯이 여러 사람과 함께 어울리지 못하고 따돌림을 받는 사람을 가리키는 말이에요.

과일 망신은 모과가 시킨다

지지리 못난 사람일수록 그와 함께 있는 동료들까지도 망신시킨다는 말.

비슷한 속담 : 어물전 망신은 꼴뚜기가 시킨다

구르는 돌에는 이끼가 끼지 않는다

부지런히 노력하는 사람은 뒤쳐지지 않고 계속 발전한다는 말입니다.

비슷한 속담 : 흐르는 물은 썩지 않는다. 부지런한 물방아는 얼 새도 없다.

낙숫물이 댓돌 뚫는다

작은 힘이라도 끈기있게 계속하면 큰일을 이룰 수 있다는 말이에요.

비슷한 속담 : 작은 도끼도 연달아 치면 큰 나무를 눕힌다. 무쇠도 갈면 바늘 된다.

눈에 콩깍지가 씌었다

눈을 콩깍지로 가리면 앞을 제대로 보지 못하지요. 앞이 가리어 사람이나 물건을 정확하게 보지 못한다는 말이에요.

단풍도 떨어질 때 떨어진다

단풍잎도 가을이 되어야 떨어진다는 말로, 무엇이나 제 때가 있다는 뜻입니다.

달도 차면 기운다

달은 초생달에서 커다랗고 둥근 보름달로 차올랐다가, 점점 줄어들어 손톱 모양의 작은 그믐달이 되지요. 이처럼 세상의 온갖 것이 한번 번성하면 다시 쇠하기 마련이거나, 행운이 언제까지나 계속되지 않는다는 뜻이에요.

비슷한 속담 : 달이 둥글면 이지러지고 그릇이 차면 넘친다.

도토리 키 재기

크기가 고만고만한 도토리들의 키를 재보았자 별 차이가 없다는 말. 비슷비슷한 사람끼리 서로 다툰다거나 비슷비슷하여 견주어 볼 필요가 없다는 뜻이에요.

비슷한 속담 : 네 콩이 크니 내 콩이 크니 한다. 참깨가 기니 짧으니 한다.

될성부른 나무는 떡잎부터 다르다

잘 자랄 나무는 떡잎만 봐도 알 수 있다는 말. 자라서 크게 될 사람은 어릴 때부터 남달리 장래성이 엿보인다는 말이에요.

비슷한 속담 : 잘 자랄 나무는 떡잎부터 안다.

마른하늘에 날벼락 맞는다

맑은 하늘에서 느닷없이 벼락이 친다는 말로, 뜻밖에 당하는 불행한 일이라는 뜻이에요.

비슷한 속담 : 맑은 하늘에 벼락 맞겠다.

못 먹는 감 찔러나 본다

자기 것으로 만들지 못할 바에는 차라리 심술을 부려 남도 갖지 못하도록 못 쓰게 만들어 버린다는 고약한 마음을 이르는 말.

비슷한 속담 : 못 먹는 밥에 재 집어 넣기.

물이 너무 맑으면 고기가 아니 모인다

사람이 지나치게 결백하면 남이 따르지 않는다는 말이에요.

물이 깊을수록 소리가 없다

깊은 물이 소리 없이 흐른다는 말로, 덕망이 높고 생각이 깊은 사람일수록 떠벌리거나 잘난 체하지 않는다는 뜻이에요.

바람 앞의 등불

언제 꺼질지 모르는 바람 앞의
등불이란 말로, 매우 위태로운 처지에
놓여 있다는 뜻이에요.
비슷한 속담 : 바람받이에 선 촛불.

바늘구멍으로 황소 바람 들어온다

추운 겨울철에는 문이나 벽의 바늘구멍 같은 작은 구멍에도 찬바람이
무척 세게 들어온다는 말. 작은 것이라도 결코 소홀히 하지 말라는
뜻이에요.

번개가 잦으면 천둥을 친다

어떤 일이 생길 기미가 잦아지면 반드시 그 일이 생기기 마련이라는 말.
비슷한 속담 : 방귀가 잦으면 똥 싸기 쉽다.

벼 이삭은 익을수록 고개를 숙인다

벼는 익을수록 고개를 숙이듯 지식이 뛰어나고 훌륭한 사람일수록 겸손하고 남 앞에서 자기를 내세우지 않는다는 말입니다.
비슷한 속담 : 곡식 이삭은 익을수록 고개를 숙인다.

비 온 뒤에 땅이 굳어진다

비에 젖은 흙이 마르면서 단단하게 굳어지듯, 사람도 어려움을 겪고 나면 더 강해진다는 말이에요.

빛 좋은 개살구

개살구는 먹음직스러운 빛깔을 띠고 있지만 맛은 떫어요.
겉만 그럴듯하게 좋으나 실속이 없다는 말입니다.

비슷한 속담 : 속 빈 강정. 명주 자루에 개똥.

뿌리 깊은 나무 가뭄 안 탄다

땅속 깊이 뿌리 내린 나무는 가뭄에도 말라 죽지 않는다는 말.
무엇이나 근본이 튼튼하면 어떤 어려움도 견딘다는 뜻이에요.

산 넘어 산이다

어렵게 산을 넘으니 또 산이 앞에 놓여있다는 말로, 갈수록 더욱 어렵고 곤란한 일만 생긴다는 뜻이에요.

비슷한 속담 : 갈수록 태산.

수박 겉 핥기

맛있는 수박을 먹는다고 하면서 껍질만 핥고 있다는 말로, 내용이나 참뜻을 모르면서 겉만 건드린다는 뜻입니다.

비슷한 속담 : 꿀단지 겉 핥기.

십 년이면 강산도 변한다

십 년이라는 세월이 흐르는 동안에는 세상에 변하지 않는 것이 없이 다 변하게 된다는 말이에요.

씨를 뿌리면 거두기 마련이다

씨를 뿌리면 싹이 트고 꽃이 피고 열매를 맺지요. 이렇듯 어떤 일이든 일한 보람이나 결과는 반드시 나타나게 된다는 말이에요.

오이 밭에서는 신을 고쳐 신지 않는다

오이 밭을 지나다가 신을 고쳐 신으려고 몸을 구부리면 오이를 훔치려는 줄 알고 오해를 받을 수 있어요. 남에게 오해 받을 행동은 처음부터 하지 말라는 말이에요.

비슷한 속담 : 오얏나무 아래서는 갓을 고쳐 쓰지 말아라.

장마 때 홍수 밀려오듯

장마 때 홍수로 갑자기 물이 쏟아져 나오는 것처럼, 무엇이 갑작스럽게 불어나 밀려온다는 말입니다.

콩 심은 데 콩나고 팥 심은 데 팥 난다

콩 심은 곳에 콩이 자라는 것은 너무도 당연하지요. 모든 일은 원인에 따라 거기에 걸맞는 결과가 나타난다는 말이에요.

비슷한 속담 : 가시나무에 가시 난다. 배나무에 배 열리지 감 안 열린다.

하늘 높은 줄만 알고 땅 넓은 줄은 모른다

야위고 키만 큰 사람을 농담조로 이르는 말입니다.

반대되는 속담 : 하늘 높은 줄은 모르고 땅 넓은 줄만 안다.

콩으로 메주를 쑨다 해도 곧이듣지 않는다

콩으로 메주를 만드는 것은 당연한 일인데 믿지 않는다는 말. 거짓말을 잘 하는 사람의 말은 이처럼 당연한 사실이라도 믿지 않는다는 뜻이에요.

하늘의 별 따기

하늘의 별은 갖고 싶어도 딸 수 없지요. 이처럼 무엇을 얻거나 이루기가 매우 어렵다는 말입니다.

호박이 넝쿨째 굴러떨어졌다

호박은 열매로 맛있는 죽을 쑤어 먹고 잎과 어린 순은 찐 다음, 된장을 얹어 밥을 싸 먹을 수 있어요. 이처럼 버릴 것이 없는 호박이 갑자기 넝쿨째 생겼으니 얼마나 좋겠어요? 뜻밖에 좋은 일이 생기거나 좋은 물건을 얻었다는 말이에요.

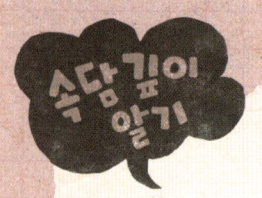

속담 속 숨은 이야기

송도 오이 장수
이익을 더 많이 보려다가 그만 기회를 놓쳐 헛수고만 하고 오히려 낭패를 보게된 사람을 이르러 하는 말입니다.

송도는 고려시대의 수도로 지금의 개성입니다. 송도의 한 오이 장수가 서울의 오이가 금값이라는 말을 듣고 오이를 가득 싣고 서울로 갔는데 그 사이 오이 값이 바닥으로 떨어져 몹시 실망을 했습니다. 그때 누군가 의주의 오이 값이 금값이라고 하는 말을 듣고 재빨리 의주로 가 보니, 이번에도 오이 값이 바닥으로 떨어졌습니다. 오이장수는 하는 수 없이 오이를 싣고 다시 송도로 돌아올 수 밖에 없었습니다. 그러는 사이 오이는 모두 곯아서 버릴 수 밖에 없었답니다. 결국 돈을 벌기는 커녕 손해만 잔뜩 보게 된 것입니다. 그래서 생겨난 속담입니다.

종로에서 뺨 맞고 한강에서 눈 흘긴다
욕을 당한 자리에서는 아무 말도 못 하고 뒤에 가서 불평하거나 엉뚱한 데 가서 화풀이를 할 때 흔히 쓰는 속담입니다.

조선 시대 때 종로에는 육의전이라는 시장이 있었습니다. 나라의 허가를 받아서 비단, 명주, 종이, 어물 등을 판매하던 상점입니다. 시장의 상인들은 나라에서 허가를 받았다는 이유로 물건 판매를 독차지하면서 물건을 사러 오는 백성들에게 으스대며 위세를 부렸습니다. 한편 한강 마포 나루에는 비공식적인 시장인 난전 즉, 길거리에 벌여놓은 시장이 있었습니다. 난전은 불법이지만 나라에서는 백성들을 위해 눈감아 주곤했습니다. 이 속담은 위세 높은 육의전 상인들에게 흥정을 벌이다가 봉변을 당해도 아무 말도 못 하다가 한강 가에 있는 난전 상인들에게 가서는 큰소리를 치거나 화를 푼다고 해서 생겨난 속담이랍니다.

갈수록 태산이라

무슨 일을 해 나감에 있어서 점점 더 어려운 일이 닥쳐올 때 쓰는 속담입니다.

그렇다면 태산은 어떤 산이고 도대체 얼마나 높은 산이기에 이런 속담이 생겨난 것일까요?
태산은 중국어로 타이산이라고 하며 높이가 1524미터로 중국 산둥성 타이안 북쪽에 있습니다.
1916미터인 우리나라의 지리산보다도 낮으니 그다지 높은 산은 아닙니다.
에베레스트 산을 비롯하여 세상에는 8000미터가 넘는 산이 많습니다. 그런데 하필이면 태산을 넘기 힘든 산이라고 했을까요?
태산의 태(泰)자는 높다는 뜻이 아니고 크다는 뜻이므로 규모가 으리으리할 만큼 엄청나게 큰 산이어서 넘기가 힘든 산으로 이해하여야 할 것 같습니다.
또 태산 주변이 평지이라서 태산이 무척 높아 보이기 때문이라는 이야기도 있습니다.
한편, 타이산은 중국 사람이 신성시 하는 산입니다. 중국의 역대 황제들이 이곳에 와서 하늘에 제사를 지냈으며 누구나 이곳을 한 번 오를 때마다 10년씩 젊어진다고 믿어 사람들이 오고싶어하는 산이라고 합니다.
산세와 경치가 매우 아름다워 유네스코 세계문화유산과 세계자연유산으로 지정 되었습니다.

친구 따라 강남간다

자기는 하고 싶지 않으나 남에게 끌려서 덩달아 하게 됨을 이르는 말입니다.

이 속담에 나오는 강남은 어디일까요? 서울의 한강 남쪽에 있는 강남일까요?
아닙니다. 여기에 나오는 강남은 중국의 양쯔강 남쪽 지방을 가리킵니다.
'강남 갔던 제비가 돌아온다' 의 강남도 마찬가지 입니다.
밥에 넣어 먹거나 떡을 만들 때 소로 들어가는 강낭콩도 마찬가지로 원래 이름은 강남콩입니다. 중국 남쪽에서 온 것이라 하여 강남콩으로 불리다가 점차 변해서 강낭콩이 되었답니다.

찾아보기

ㄱ

가까운 남이 먼 일가보다 낫다 ············· 28, 52
가까운 데를 가도 점심밥을 싸 가지고 가거라 ············· 12
가는 날이 생일 ············· 32
가까운 집 며느리일수록 흉이 많다 ············· 62
가는 날이 장날 ············· 32, 148
가는 말에도 채찍을 치랬다 ············· 132
가는 말에 채찍질한다 ············· 132
가는 말이 고와야 오는 말이 곱다 ············· 28, 88, 112
가는 방망이 오는홍두깨 ············· 32
가는 정이 있어야 오는 정이 있다 ············· 112
가는 토끼 잡으려다 잡은 토끼 놓친다 ············· 12
가랑비에 옷 젖는 줄 모른다 ············· 152
가랑잎에 떨어진 좁쌀알 찾기 ············· 88
가랑잎이 솔잎더러 바스락거린다고 한다 ············· 112
가루는 칠수록 고와지고 말은 할수록 거칠어 진다 ············· 113
가마 속의 콩도 삶아야 먹는다 ············· 19
가물에 콩나듯 ············· 152
가랑잎에 떨어진 좁쌀알 찾기 ············· 88
가시나무에 가시 난다 ············· 167
가재는 게 편이라 ············· 52
가지 많은 나무에 바람 잘 날 없다 ············· 53
갈 수록 태산 ············· 28, 33, 148, 164,171
갈치가 갈치 꼬리 문다 ············· 53
감기 고뿔도 남을 안 준다 ············· 92
감나무 밑에 누워서 홍시 떨어지기를 기다린다 ············· 108, 153
갑갑한 놈이 송사한다 ············· 38
값싼 갈치자반 맛만 좋다 ············· 108
값싼 것이 비지떡 ············· 72, 108, 149
강물도 쓰면 준다 ············· 72
같은 값이면 껌정소 잡아먹는다 ············· 73
같은 값이면 다홍치마 ············· 73, 148
개같이 벌어서 정승같이 쓴다 ············· 28, 73
개구리가 움추리는 뜻은 멀리 뛰자는 뜻이다 ············· 133
개구리 올챙이 적 생각 못 한다 ············· 132
개구리도 옴쳐야 뛴다 ············· 133
개 닭 보듯 ············· 120
개 대가리에 옥관자 ············· 133
개똥도 약에 쓰려면 없다 ············· 33, 68, 148
개똥밭에 인물 난다 ············· 92
깨똥이 무서워서 피하나 더러워서 피하지 ············· 96
개똥참외도 가꾸기 나름이다 ············· 153
개미구멍이 둑을 무너뜨린다 ············· 26
개발에 편자 ············· 133
개밥에 도토리 ············· 109, 154
개살구도 맛 들일 탓 ············· 154
개징수도 올가미가 있어야 한다 ············· 13
개천에서 용 난다 ············· 92
거미는 작아도 줄만 잘 친다 ············· 146
거미도 줄을 쳐야 벌레를 잡는다 ············· 13
거지가 밥솥이나 먹게 되면 거지 밥 한 술 안 준다 ············· 132

걷기도 전에 뛰려고 한다 ············· 113
겨울바람이 봄바람보고 춥다 한다 ············· 112
고래 싸움에 새우 등 터진다 ············· 134, 148
고생 끝에 낙이 온다 ············· 89
고슴도치도 제 새끼 함함하다고 한다 ············· 54
고양이 목에 방울 달기 ············· 13
고양이 보고 반찬가게 지키라고 한다 ············· 14
고양이 앞에 쥐다 ············· 93
고양이 쥐 사정보듯 ············· 134
고양이 쥐 생각해 준다 ············· 134
고양이한테 생선을맡기다 ············· 14
고추는 작아도 맵다 ············· 106
고추보다 후추가 더 맵다 ············· 106
곡식 이삭은 익을수록 고개를 숙인다 ············· 162
곤쟁이 주고 잉어 낚는다 ············· 74
공든 탑이 무너지랴 ············· 14, 28, 108
공자 앞에서 문자 쓴다 ············· 20
과물전 망신은 모과가 시킨다 ············· 102
과일 망신은 모과가 시킨다 ············· 155
관 속에 들어가도 막말은 말라 ············· 114
구관이 명관이다 ············· 93
구더기 무서워서 장 못 담글까 ············· 34
구렁이 담 넘어가듯 한다 ············· 135
구르는 돌에는 이끼가 끼지 않는다 ············· 155
구슬이 서 말이라도 꿰어야 보배 ············· 15, 28
군말이 많으면 쓸 말이 적다 ············· 114
굳은 땅에 물이 고인다 ············· 74
굼벵이도 구르는 재주가 있다 ············· 89, 128, 135
굼벵이도 밟으면 꿈틀한다 ············· 106
꿀단지 겉 핥기 ············· 165
궤 속의 녹슨 돈은 똥도 못 산다 ············· 75
귀 막고 방울 도적질한다 ············· 15
귀에 걸면 귀걸이 코에 걸면 코걸이 ············· 34
귀한 자식 매 한 대 더 때리고
미운 자식 떡 하나 더 준다 ············· 54
귀한 자식 매로 키워라 ············· 54
그 아버지에 그 아들 ············· 55
그 어머니에 그 아들 ············· 55
그물에 든 고기 ············· 138
금강산도 식후경 ············· 88, 148
급하다고 갓 쓰고 똥 싸랴 ············· 115
급하면 콩마당에서 간수 치랴 ············· 115
급하면 바늘 허리에 실 매어 쓸까 ············· 115
기기도 전에 날기부터 하려 한다 ············· 113
기는 놈 위에 나는 놈 있다 ············· 94
기지도 못하면서 뛰려 한다 ············· 113
기와 한 장 아끼다가 대들보 썩힌다 ············· 75
긴 병에 효자 없다 ············· 63
길이 아니거든 가지 말고 말이 아니거든 듣지 말라 ············· 115
까마귀 날자 배 떨어진다 ············· 136
까마귀 똥도 약에 쓰려면 오백 냥이라 ············· 33
까마귀 제 소리 하면 온다 ············· 127

꽁지 빠진 새 같다 ·· 136
꾸어다 놓은 보릿자루 ································· 94
꿀단지 겉 핥기 ·· 165
꿀 먹은 벙어리 ································· 95, 108
꿀 먹은 벙어리요 참 먹은 지네라 ········ 95
꿩 대신 닭 ··· 137, 148
꿩 먹고 알 먹는다 ······················ 28, 76, 128
꿩 잡는 것이 매다 ······································ 116

ㄴ

나그네 보내고 점심 한다 ························· 92
낙숫물이 댓돌 뚫는다 ················ 17, 88, 156
남의 돈 천 냥이 내 돈 한 푼만 못하다 ·········· 28, 76
남의 집 금송아지가 우리집 송아지만 못하다 ········ 76
남편은 두레박 아내는 항아리 ················ 55
낫 놓고 기억자도 모른다 ············· 16, 28, 129
낮말은 새가 듣고 밤말은 쥐가 듣는다 ········ 28, 116, 148
내리 사랑은 있어도 치사랑은 없다 ····· 56
내 콩이 크다 네 콩이 크다 한다 ········· 158
냉수 먹고 이 쑤신다 ································ 35
네 콩이 크니 내 콩이 크니 한다 ········ 158
누워서 떡 먹기 ·· 88
누워서 침 뱉기 ·· 148
눈물 흘리면서 겨자 먹기 ······················ 123
눈에 콩깍지가 씌었다 ··························· 156
느릿느릿 걸어도 황소걸음 ···················· 139
늑대가 짖으니 개가 꼬리를 흔든다 ······· 52

ㄷ

다람쥐 쳇바퀴 돌듯 한다 ························ 137
단단한 땅에 물이 괸다 ···························· 74
단풍도 떨어질 때 떨어진다 ·················· 157
달걀에도 뼈가 있다 ·································· 68
달도 차면 기운다 ···································· 157
달면 삼키고 쓰면 뱉는다 ······················ 149
달이 둥글면 이지러지고 그릇이 차면 넘친다 ········ 157
닭도 홰에서 떨어지는 날이 있다 ········ 105
닭 잡아 먹고 오리발 내놓기 ········ 28, 117
닭 쫓던 개 지붕 쳐다본다 ············· 29, 138
닭의 볏은 될지언정 소의 꼬리는 되지 마라 ········ 145
닷 돈 보고 보리밭에 갔다가 명주 속 찢었다 ········ 80
더도 말고 덜도 말고 한가윗날만같아라 ········ 35
더위 먹은 소 달만 보아도 헐떡인다 ········ 89, 145
도는 개는 배 채우고 누운 개는 옆 챈다 ········ 77
도둑 맞고 사립문 고친다 ························ 89
도토리 키 재기 ·· 158
도깨비도 수풀이 있어야 모인다 ········ 142
독 안에 든 쥐 ································· 29, 138
돈 놓고는 못 웃어도 아이 놓고는 웃는다 ········ 77
돈 모아 줄 생각 말고 자식 글 가르쳐라 ········ 78

돈만 있으면 귀신도 부릴 수 있다 ········ 78
돈만 있으면 귀신도 사귄다 ···················· 78
돈은 더럽게 벌어도 깨끗이 쓰면 된다 ········ 73
돈은 있다가도 없어지고 없다가도 생기는 법이라 ········ 79
돈이 돈 번다 ··· 79
돈이라면 호랑이 눈썹도 빼 온다 ········ 80
두꺼비 싸움에 파리 치인다 ·················· 134
두꺼비 파리 잡아먹듯 ··························· 140
돌다리도 두들겨 보고 건너라 ········· 16, 23
돌절구도 밑 빠질 날이 있다 ·················· 17
되는 집안에는 가지 나무에 수박이 열린다 ········ 56
될성부른 나무는 떡잎부터 다르다 ··· 158
두 마리 토끼를 잡으려다 다 놓친다 ····· 29
드문드문 걸어도 황소걸음 ···················· 139
등잔 밑이 어둡다 ··························· 36, 148
땅 짚고 헤엄치기 ······································ 88
땅을 열 길 파도 고리전 한 푼 생기지 않는다 ········ 81
떡방아 소리 듣고 김칫국 찾는다 ······· 117
떡 줄 사람은 꿈도 안 꾸는데 김칫국부터 마신다 ········ 117
떡 해 먹을 집안 ······························· 56, 57
똥이 무서워 피하나 더러워 피하지 ······· 95
똥 싸고 성낸다 ··· 98
뚝배기보다 장맛이 좋다 ·························· 36
뛰는 놈 위에 나는 놈 있다 ············ 29, 94
뛰어 보았자 부처님 손바닥 ·················· 139
뛰어야 벼룩 ·· 139

ㅁ

마른하늘에 날벼락 맞는다 ············ 68, 159
마파람에 게 눈 감추듯 ·························· 140
만석꾼에 만 가지 걱정 ···························· 86
말 귀에 염불 ··· 143
말 단 집에 장 단 법 없다 ························ 57
말 많은 집은 장 맛도 쓰다 ······················ 57
말이 많으면 실언이 많다 ······················ 114
말은 해야 맛이고 고기는 씹어야 맛이다 ········ 108
말 한마디에 천 냥 빚도 갚는다 ··· 29, 118
맑은 샘에서 맑은 물이 난다 ················ 125
맑은 하늘에 벼락 맞겠다 ······················ 159
맛 없는 음식도 배고프면 달게 먹는다 ········ 42
망둥이가 뛰면 꼴뚜기도 뛴다 ············· 144
망둥이 제 동무 잡아먹는다 ···················· 53
먹는 개도 안 때린다 ································ 98
명주 자루에 개똥 ···································· 163
매도 먼저 맞는 놈이 낫다 ······················ 37
메기 등에 뱀장어 넘어가듯 ·················· 135
메뚜기도 유월이 한철이다 ··················· 140
명필은 붓을 가리지 않는다 ········ 109, 128
모기 다리에서 피 빤다 ··························· 141
모래알도 모으면 산이 된다 ···················· 86
목구멍이 포도청이다 ······························· 37

목마른 놈이 우물 판다 …………………………… 38
못 먹는 감 찔러나 본다 ……………………………159
못 먹는 밥에 재 집어 넣기 …………………………159
못된 벌레 장판방에서 모로 간다 …………………… 96
못된 송아지 엉덩이에 뿔이 난다 …………………… 96
무소식이 희소식이다 ……………………………… 38
무쇠도 갈면 바늘 된다 ……………………… 17, 156
물고기는 물을 떠나 살 수 없다 ……………………141
물에 빠진 놈 건져 놓으니까 내 봇짐 내라 한다 …… 96
물에 빠진 놈 건져 놓으니까 망건값 달라 한다 …… 96
물에 빠진 사람은 지푸라기라도 잡는다 …………… 29
물이 깊을수록 소리가 없다 …………………………160
물이 너무 맑으면 고기가 아니 모인다 ……………160
미꾸라지 용됐다 ……………………………………… 97
미꾸라지 한 마리가 온 웅덩이를 흐려놓는다 ……… 97
미꾸라지 한 마리가 한강 물을 다 흐리게 한다 …… 97
미운 놈 떡 하나 더 준다 …………………………… 39
믿는 도끼에 발등 찍힌다 …………………………148
밑져야 본전 ………………………………………… 81

ㅂ

바늘 도둑이 소도둑 된다 …………………………… 18
바늘구멍으로 황소 바람 들어온다 …………………161
바늘 쌈지에서 도둑이 난다 ………………………… 18
바람받이에 선 촛불 …………………………………161
바람 앞의 등불 ………………………………………161
바위를 차면 제 발부리만 아프다 …………………… 88
발 없는 말이 천 리 간다 ………………… 18, 29, 116
밥 먹을 때는 개도 안 때린다 ……………………… 98
방귀 뀐 놈이 성낸다 ………………………………… 98
방귀가 잦으면 똥싸기 쉽다 ………………… 89, 162
배나무에 배 열리지 감 안 열린다 …………………167
배 먹고 이 닦기 …………………………………… 76
배보다 배꼽이 더 크다 ……………………………148
백지장도 맞들면 낫다 ……………………… 29, 82
뱁새가 황새를 따라가면 다리가 찢어진다 …………118
버는 자랑 말고 쓰는 자랑 하랬다 ………………… 82
버린 밥으로 잉어 낚는다 …………………………… 74
번개가 잦으면 천둥을 친다 ………………… 89, 162
번갯불에 담배 붙이겠다 ……………………………119
번갯불에 콩 볶아 먹겠다 …………………………119
번갯불에 회 쳐 먹겠다 ……………………………119
범 모르는 하룻강아지 ………………………………127
범에게 열두 번 물려 가도 정신을 놓지 마라 ……… 27
벼 이삭은 익을수록 고개를 숙인다 ………… 109, 162
벼룩도 낯짝이 있다 ………………………………… 99
벼룩의 간을 내어 먹는다 …………………………141
보기 좋은 떡이 먹기도 좋다 ………………… 39, 109
보채는 아이 밥 한술 더 준다 ……………………… 89
봉 아니면 꿩이다 ……………………………………137
부뚜막이 소금도 집어넣어야 짜다 ………… 15, 19

부모가 온 효자 되어야 자식이 반효자 된다 ……… 58
부모가 착해야 효자난다 …………………………… 58
부잣집 외상보다 비렁뱅이 맞돈이 좋다 …………… 83
부지런한 물방아는 얼 새도 없다 ………… 19, 155
불난 데 풀무질한다 ………………………………119
불난 집에 부채질 한다 …………………… 29, 119, 129
불면 꺼질까 쥐면 터질까 …………………………… 58
비는 하늘이 주고 절은 부처가 받는다 …………… 85
비 온 뒤에 땅이 굳어진다 …………………………163
비단 한 단을 하루에 짜려 말고 한 식구를 줄여라 …… 83
빈 수레가 요란하다 ………………………… 99, 109
빈대 미워 집에 불 놓는다 ………………………… 20
빈대 잡으려고 초가삼간 태운다 …………………… 20
빛 좋은 개살구 …………………………… 109, 163
뻐꾸기도 유월이 한철이라 ……………………… 140
뽕도 따고 임도 본다 ……………………………… 76
뿌리 깊은 나무 가뭄 안 탄다 ………………………164
뿌린대로 거둔다 …………………………………129

ㅅ

사공이 많으면 배가 산으로 간다 ……… 29, 40, 129, 148
사나운 개 콧등 아물 틈이 없다 …………………… 100
사나운 개 콧등 입 성할 날 없다 ………………… 100
사냥개 언 똥 삼키듯 …………………………… 140
사돈집과 뒷간은 멀수록 좋다 …………………… 40
사또 덕분에 나팔 분다 …………………… 40, 120
사람 속은 천 길 물 속이라 ……………………… 103
사람이 굶어 죽으란 법은 없다 …………………… 41
사자 없는 산에 토끼가 왕노릇 한다 ………………147
사촌이 땅을 사면 배가 아프다 …………………… 59
산 넘어 산이다 ……………………………… 33, 164
산돼지를 잡으려다가 집돼지까지 잃는다 ………… 12
산 입에 거미줄 치랴 ……………………………… 41
산에 가야 범을 잡는다 …………………… 108, 142
살은 쏘고 주워도 말은 하고 못 줍는다 ……… 29, 122
상감님도 제 마음에 들어야 한다 ………………… 47
상주 보고 제삿날 다툰다 ………………………… 20
새끼 아홉 둔 소길아 벗을 날 없다 ……………… 53
새도 가지를 가려 앉는다 ………………………… 59
생일날 잘 먹으려고 이레를 굶는다 ……………… 21
서당개 삼 년이면 풍월을 읊는다 ………… 41, 149
서울 가서 김 서방 집도 찾아간다 ……………… 109
서울 가서 김 서방 찾는다 ………………… 21, 88, 109
서투른 목수가 연장 탓한다 ……………………… 29
서투른 무당이 장구만 나무란다 ………… 29, 108
선무당이 사람 잡는다 …………………………… 48
세 닢 주고 집 사고 천 냥 주고 이웃 산다 ……… 65
세 살 적 버릇이 여든까지 간다 ………… 22, 29
소 닭 보듯 닭 소 보듯 ……………………………120
소 잃고 외양간 고친다 …………………… 22, 48, 89
소같이 벌어서 쥐같이 먹어라 …………………… 84

소경 제 닭 잡아 먹기	84
소경이 개천 나무란다	48
소도 언덕이 있어야 비빈다	142
소문난 잔치 비지떡이 두러 반이다	42
소문난 잔치에 먹을 것 없다	42, 149
소 발에 쥐 잡기	147
속 빈 강정	163
속이 빈 깡통이 소리만 요란하다	99
손 안 대고 코 풀기	153
손자를 귀애하면 코 묻은 밥을 먹는다	60
솔개는 매 편	52
송도 오이 장수	170
송충이는 솔잎을 먹어야 한다	88, 143
송충이가 갈잎을 먹으면 죽는다	143
쇠귀에 경 읽기	48, 128, 143
쇠뿔도 단김에 빼랬다	109, 121
수박 겉 핥기	165
수염이 대자라도 먹어야 양반	88
숭어가 뛰니까 망둥이도 뛴다	88, 144
시냇물도 퍼 쓰면 준다	72
시작이 반이다	25, 48, 121, 149
시장이 반찬이다	42
신 배도 맛들일 탓	154
실도랑이 모여 대동강 된다	86
십년 공부 나무아미타불	108
십년이면 강산도 변한다	42, 165
십리 길에 점심 싸기	12
쌈짓돈이 주머닛돈	85
씨를 뿌리면 거두기 마련이다	166

ㅇ

아는 길도 물어 가랬다	16, 23, 109
아니 때린 장구 북소리 날까	43
아니 땐 굴뚝에 연기 날까?	43, 48
아비만한 자식 없다	67
아이 보는 데는 찬 물도 못 마신다	43
앉은 자리에 풀도 안 나겠다	100
앞집 떡 치는 소리 듣고 김칫국부터 마신다	117
약방에 감초	101, 109
약빠른 고양이 밤눈 어둡다	144
약은 쥐가 밤눈 어둡다	144
얕은 내도 깊게 건너라	16, 48
얌전한 고양이 부뚜막에 먼저 올라간다	101
얌전한 개가 부뚜막에 먼저 올라간다	101
양반은 물에 빠져도 개헤엄을 안 친다	102
양반은 얼어 죽어도 겻불을 안 쬔다	102
어릴 적 버릇 늙어서까지 간다	22
어물전 망신은 꼴뚜기가 시킨다	102, 155
어미 팔아 친구 산다	60
언발에 오줌 누기	23
엎드려 절 받기	44

열 길 물 속은 알아도 한 길 사람 속은 모른다	48, 103
열 번 찍어 아니 넘어가는 나무 없다	103, 149
열 손가락 깨물어 안 아픈 손가락 없다	61
열 식구 벌려 말고 한 입 덜라	83
옆찔러 절 받기	44
오는 말이 고와야 가는 말이 곱다	112
오는 떡이 두터워야 가는 떡이 두텁다	88
오르지 못할 나무는 쳐다보지도 마라	24
오이 밭에서는 신을 고쳐 신지 않는다	166
오얏나무 아래서는 갓을 고쳐 쓰지 말아라	166
외나무 다리에서 만날 날이 있다	44
용의 꼬리보다 뱀의 머리가 낫다	145
우는 아이 젖 준다	122
우물 안 고기	104
우물 안 개구리	104
우물에 가 숭늉 찾는다	89, 123, 128
우물을 파도 한 우물만 파라	24, 48
우렁이도 두렁 넘을 꾀가 있다	135
울며 겨자 먹기	123
울지 않는 아이 젖 주랴	89, 122
웃느라 한 말에 상 난다	124
웃는 낯에 침 뱉으랴	48, 124
웃는 집에 복이 있다	61
예전에 쓰던 고리 모양의 쇠돈	81
원님 덕에 나팔 분다	120
원수는 외나무 다리에서 만난다	44, 149
원숭이도 나무에서 떨어진다	48, 104, 149
윗물이 맑아야 아랫물도 맑다	125
이 없으면 잇몸으로 살지	45
이름난 잔치 배 고프다	42
이웃이 사촌보다 낫다	52
이웃집 며느리 흉도 많다	62
익은 밥 먹고 선소리 한다	105
입은 거지는 얻어먹어도 벗은 거지는 못 얻어먹는다	105
입은 비뚤어져도 말은 바로 하랬다	125
입은 비뚤어져도 주라는 바로 불어라	125

ㅈ

자라 보고 놀란 가슴 솥뚜껑 보고 놀란다	48, 89, 145
자빠져도 코가 깨진다	108
자식 둔 골은 호랑이도 돌아본다	62
작은 고추가 더 맵다	48, 106
작은 도끼도 연달아 치면 큰 나무를 눕힌다	88, 156
잔디밭에서 바늘 찾기	88
잘되면 제 탓 못되면 조상 탓	126
잘 자랄 나무는 떡잎부터 안다	158
장독보다 장맛이 좋다	36
장마 때 홍수 밀려오듯	167
장마 무서워 호박 못 심겠다	34
전당 잡은 촛대	94
재물을 얻는 것은 작은 것을 얻는 것이고	

친구를 잃는 것은 큰 것을 잃는 것이다 ·············· 63
재주는 곰이 넘고 돈은 주인이 받는다 ·············· 85
젊어서 고생은 금 주고도 못 산다 ··············· 25
젊어서 고생은 사서도 한다 ·················· 25
제비는 작아도 강남 간다 ···················146
족제비도 낯짝이 있다 ······················ 99
좁쌀만큼 아끼다가 담 돌만큼 해 본다 ·············· 75
종로에서 뺨 맞고 한강에서 눈 흘긴다 ··············170
좋은 약은 입에 쓰다 ······················ 48
죄 지은 놈 옆에 있다가 벼락 맞는다 ··············· 64
죽을 수가 생기면 살 수가 생긴다 ················ 26
중 양식이 절 양식 ······················· 85
지렁이도 밟으면 꿈틀한다 ·················106, 149
지성이면 감천이다 ······················· 48
집에서 새는 바가지는 들에 가도 샌다 ··············· 45
짚신도 제 짝이 있다 ······················ 46

ㅊ

찬물도 위아래가 있다 ······················149
참새가 방앗간을 그저 지나랴 ···············126, 149
참새가 작아도 알만 잘 깐다 ···················146
참새가 죽어도 짹 한다 ·····················146
참새 앞정강이를 긁어먹는다 ···················141
참깨가 기니 짧으니 한다 ····················158
천 길 물 속은 알아도 한 길 사람의 속은 모른다 ········· 49
천 냥 빚도 말로 갚는다 ····················118
천 리 길도 한 걸음부터 ················25, 48, 129
첫 술에배 부르랴 ····················· 46, 49
초록은 동색이니라 ······················· 52
촉새가 황새를 따라가다 가랑이 찢어진다 ············118
치 위에 치가 있다 ······················· 94
친구 따라 강남간다 ······················171
친구는 옛친구가 좋고 옷은 새 옷이 좋다 ············· 64

ㅋ

콩 심은 데 콩나고 팥 심은 데 팥 난다 ········ 49, 129, 167
콩밭에 가서 두부 찾는다 ················· 89, 123
콩으로 메주를 쑨다 해도 곧이듣지 않는다 ····109, 149, 168
큰 둑도 작은 개미구멍으로 무너진다 ··············· 26

ㅌ

탕약에 감초 빠질까 ······················101
태산을 넘으면 평지를 본다 ···················· 89
털어서 먼지 안 나는 사람 없다 ················107
티끌 모아 태산 ····················· 49, 86

ㅍ

팔백 금으로 집을 사고, 천 금으로 이웃을 산다 ········· 65

팔순 노인도 세 살 먹은 아이에게 배운다 ············129
팔십 노인도 세 살 먹은 아이한테 배울게 있다 ········129
팥으로 메주를 쑨대도 곧이듣는다 ···············109
평안 감사도 저 싫으면 그만이다 ················ 47
피는 물보다 진하다 ···················· 49, 65
핑계 없는 무덤 없다 ······················149

ㅎ

하늘 높은 줄만 알고 땅 넓은 줄은 모른다 ············168
하늘 높은 줄은 모르고 땅 넓은 줄만 안다 ············168
하늘의 별 따기 ·······················169
하늘이 무너져도 솟아날 구멍이 있다 ··············· 26
하룻강아지 범 무서운줄 모른다 ················127
한 번 실수는 병가의 상사다 ···················· 4
한 부모는 열 자식을 거느려도
열 자식은 한 부모를 못 모신다 ················ 66
한 날 한시에 난 손가락도 짧고 길다 ··············· 66
한 술 밥에 배 부르랴 ······················ 46
한 어미 자식도 아롱이다롱이 ·················· 66
한약에 감초 바질까? ······················101
한 푼 돈을 우습게 여기면 한 푼 돈에 울게 된다 ········ 87
한강에 돌 던지기 ························ 27
헌 고리도 짝이 있다 ······················ 46
혀 아래 도끼 들었다 ······················ 89
형만 한 아우 없다 ···················· 49, 67
호랑이 굴에 가야 호랑이 새끼를 잡는다 ············142
호랑이는 죽어서 가죽을 남기고
사람은 죽어서 이름을 남긴다 ············· 49, 107
호랑이도 제 말하면 온다 ················· 49, 127
호랑이 없는 골에 토끼가 왕 노릇 한다 ·············147
호랑이에게 물려가도 정신만 차리면 산다 ············· 27
호박이 넝쿨째 굴러떨어졌다 ················ 49, 169
황금 천 냥이 자식 교육만 못하다 ················ 78
황소 뒷걸음치다가 쥐 잡는다 ·················147
효성이 지극하면 돌에도 풀이 난다 ················ 67
흉년의 떡도 많이 나면 싸다 ··················· 87
흐르는 물은 썩지 않는다 ···················155
흥정은 붙이고 싸움은 말리랬다 ················· 48